북유럽 도일리와 소품

북유럽 자수 하덴거 * 히데보

| 만든 사람들 |

기획 실용기획부 | **진행** 김혜인 | **집필** 김은영 | **도안 도움** 김혜인 | **표지 디자인** 원은영 | **편집 디자인** studio Y

| 책 내용 문의 |

도서 내용에 대해 궁금한 사항이 있으시면,
아이생각 홈페이지의 게시판을 통해서 해결하실 수 있습니다.

아이생각 홈페이지 www.ithinkbook.co.kr
아이생각 페이스북 www.facebook.com/ithinkbook
디지털북스 카페 cafe.naver.com/digitalbooks1999
디지털북스 이메일 digital@digitalbooks.co.kr
저자 이메일 maysix71@naver.com
저자 블로그 http://blog.naver.com/maysix71
저자 인스타그램 @maysix71

| 각종 문의 |

영업관련 hi@digitalbooks.co.kr
기획관련 digital@digitalbooks.co.kr
전화번호 (02) 447-3157~8

북유럽 자수
하덴거 * 히데보

| 김은영 저 |

아이생각

CONTENTS

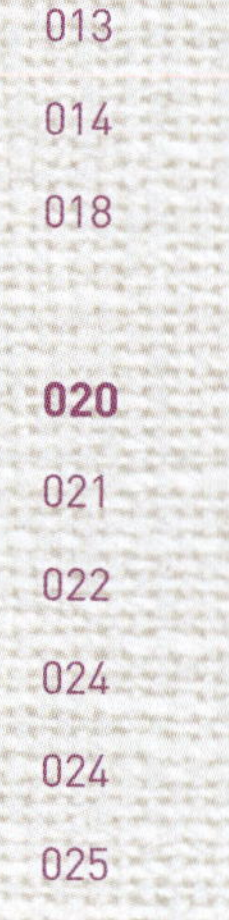

PART 1

하덴거

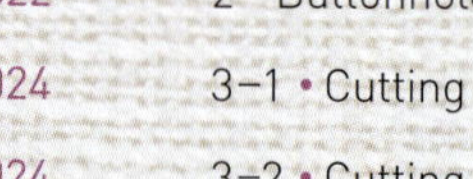

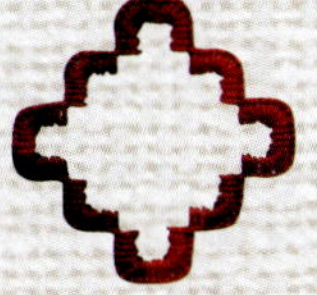

CONTENTS

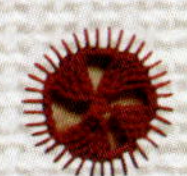

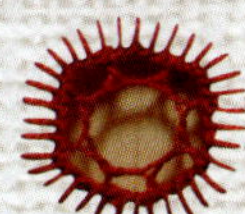

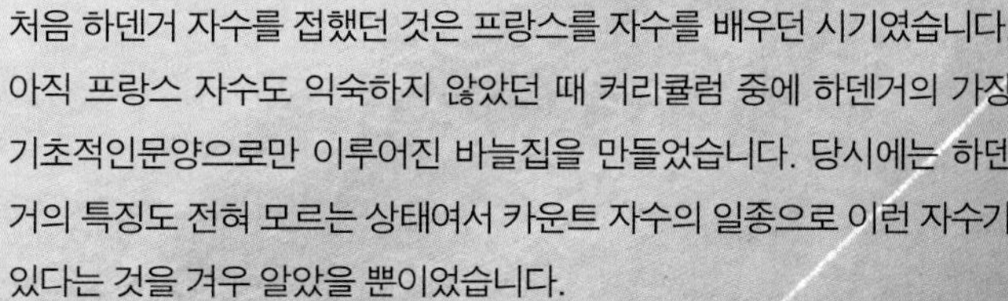

처음 하덴거 자수를 접했던 것은 프랑스를 자수를 배우던 시기였습니다. 아직 프랑스 자수도 익숙하지 않았던 때 커리큘럼 중에 하덴거의 가장 기초적인문양으로만 이루어진 바늘집을 만들었습니다. 당시에는 하덴거의 특징도 전혀 모르는 상태여서 카운트 자수의 일종으로 이런 자수가 있다는 것을 겨우 알았을 뿐이었습니다.

이후 서양자수에도 다양한 종류가 있다는 것을 알게 되면서 점차 하덴거 자수에 빠져들게 되었습니다.

처음 하덴거를 시작할 당시에 국내에는 하덴거 가이드북이 전무한 상태였고 번역서 또한 전혀 없었습니다. 외국 서적도 구하기 힘들어 일본, 미국 등지의 서적을 해외직구를 통해 구입해 독학으로 공부를 하게 되었습니다.

하덴거 자수의 매력은 정확함에 있습니다. 처음과 끝이 맞물리며 딱 떨어지는 카운트 자수는 간단하면서 즐거운 작업이지만 어느 한 곳 숫자가 어긋났을 경우에는 반드시 그 문제점을 찾아서 해결해야 합니다. 그 일련의 과정을 겪다 보면 포기하고 싶은 마음이 들 때도 있지만, 완성했을 때의 즐거움이란 직접 경험하지 않고는 알지 못할 것입니다.

히데보 자수 역시 하덴거와 마찬가지로 수업 커리큘럼에서 처음 접하게 되었습니다. 기본 도일리에 테두리 장식 모티브의 기본을 배우는 수업이었는데 점차 히데보 자수의 매력을 알게 되면서 다양한 외국 작품과 서적을 통해 배워가며 하나씩 작업을 완성해 나갔습니다.

독학으로 시작했던 작업들이 이 한 권의 책으로 나오게 되었습니다. 너무나 부족하고 미흡한 실력이지만 처음 시작하는 분들에게 좋은 가이드가 되기를 희망해 봅니다.

독학을 하면서 힘들었던 부분들, 정해진 기본 룰은 지키되 나만의 방식으로 깨우친 팁을 통해 누구나 쉽게 하덴거와 히데보를 시작할 수 있기를 바라봅니다.

김 은 영

PART 1

하덴거

하덴거
자수란?

Hardanger
Embroidery

하덴거
Hardanger Embroidery

하덴거(Hardanger) 자수는,

16세기 말 노르웨이 하이당에르 피오르(Hardangerfjord) 지역에서 시작된 자수로 영어식 발음은 하덴거입니다. 노르웨이 지역의 이름을 딴 화이트 자수의 한 종류입니다.

천의 올을 세어가며 하는 유럽식 자수들의 작업이 유행하면서 이러한 작업들이 교역을 통해 노르웨이까지 이어져 갔으며, 16세기 말부터 노르웨이 하덴거 지역 여성들이 그들 자신만의 독립적이고 특색 있는 방법으로 발전시켜 현재까지 이어지고 있습니다.

하덴거는 전통적으로 흰색 천에 흰색 실을 이용하는 화이트 자수의 한 종류로 직물의 씨실과 날실을 실로 감싸며 당겨서 하는 자수 기술을 사용하며, 컷팅으로 일부 올을 잘라내고 남은 실을 감싸며 스티치를 완성하는 형태로 대부분의 모티브들이 사각형 형태를 기초로 기하학적인 아름다움을 만들어냅니다. 전통 하덴거는 린넨 원단을 이용하여 가정용 직물이나 전통 드레스 끝 처리로 장식하는 형태로 만들어졌지만, 현대의 하덴거는 좀 더 다양한 종류의 직물과 다양한 색이 활용되고 있습니다.

하덴거 자수는 원단의 올을 세어 정확함을 요하는 카운트 자수이기 때문에 한 올의 오차도 허용하지 않습니다. 무심코 건너 띈 한 칸의 오차가 모든 작업을 원점으로 돌려놓기도 하지만 정확하게 완성했을 때의 즐거움은 하덴거 자수가 가진 매력의 하나라고 생각합니다.

초보자의 경우에도 카운트만 정확하게 제대로 이어가면 숙련도와는 상관 없이 아름다운 작품을 완성할 수 있습니다. 다른 자수의 경우는 초보자의 미숙함이 여지 없이 드러나지만 하덴거의 경우는 그런 부분을 거의 찾아볼 수 없을 정도로 누구나 쉽게 할 수 있습니다. 컷팅 후의 작업의 난이도가 조금 있기는 하지만 그것 역시 다른 작업에 비해 금방 익숙해질 수 있습니다.

처음 시작하는 분은 하덴거를 어렵게 느끼지만, 새틴 스티치로 기본 블록을 만든 다음 버튼홀 스티치로 테두리를 만들면 기본 작업은 완성됩니다. 그리고 다음은 과감한 컷팅입니다. 컷팅 된 올을 빼어내고 남은 올을 실로 감아주면서 다양한 모티브를 완성하는 작업은 하덴거가 가진 매력입니다.

새틴 스티치 블록들은 굳이 책에서 가이드하는 방법을 따르지 않고 자유롭게 시도해도 무방합니다. 기억할 것은 오로지 정확하게 올 수를 세는 것, 그것 하나만 지킨다면 누구나 쉽게 하덴거 자수를 할 수 있습니다. 하덴거 자수를 하면서 필요한 것은 오직 인내와 끈기입니다. 간단해 보이는 작업도 의외로 꽤 많은 시간이 소요됩니다.

모티브를 만드는 과정이 조금 어렵게 느껴질 수 있지만 이 책에서는 초급에서 할 수 있는 모티브 스티치의 과정을 한 컷 한 컷 누구나 따라할 수 있도록 작업했습니다. 이 책 한 권으로 누구나 하덴거 자수를 시작할 수 있기를 바라봅니다.

하덴거 자수에서 사용되는 재료들

하덴거 원단

하덴거에서 가장 중요한 것은 원단입니다.

우리가 알고 있는 십자수 원단(Aida, 아이다)은 같은 카운트 자수 원단이지만 하덴거 자수 원단으로는 적합하지 않습니다. 하덴거 자수 원단은 독일 쯔바이(Zweigart) 사의 이븐위브(Evenweave) 원단을 주로 사용합니다. 국내 원단 중에서 적합한 하덴거 원단은 아직까지 없으며, 100% 수입에 의존하기 때문에 일반 원단에 비해 조금 비싼 편에 속합니다.

기초단계에서는 쯔바이 사의 이븐위브 18~20카운트를 권장합니다. 이븐위브(Evenweave) 원단은 씨실과 날실이 동일하고 일정하게 교차되어 있기 때문에 수를 세기가 쉬우며, 린넨 원단 중에도 18~20카운트의 Cork 원단이 있지만 씨실과 날실이 일정하지 않고 원단 가격도 이븐위브에 비해서 좀 더 비싸기 때문에, 초급 입문은 이븐위브 원단으로 시작하는 것이 좋습니다.

카운트 수가 커질수록 칸 수가 좁아져 수를 세기가 어려워집니다. 따라서 25카운트 이상은 기초과정을 마치고 해보길 권장하며, 그 외에도 다양한 원단이 있으니 하덴거를 배워나가며 원단도 함께 공부해 보면 좋을 것입니다. 반면 원단 카운트가 커질수록 작품의 크기는 작아집니다. 20카운트로 만든 도일리와 25카운트로 만든 도일리는 같은 도안으로 만들었어도 크기가 다르답니다.

하덴거 도구들

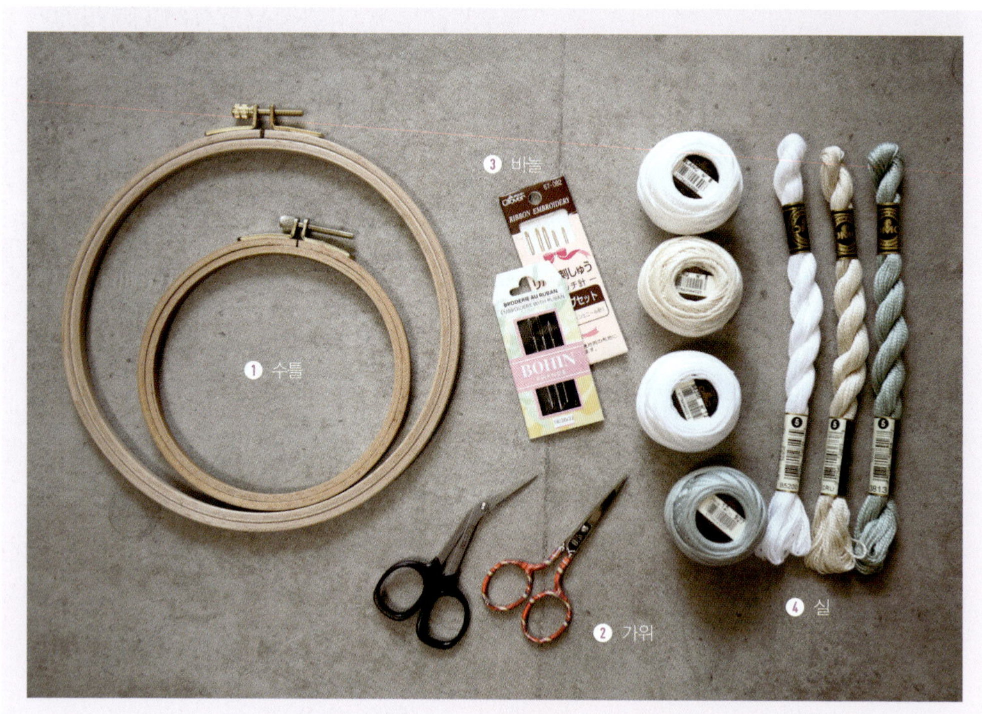

1 수틀 처음 기초 작업에서 수틀이 있으면 편리하지만 필수는 아니며, 개인 선택에 따르면 됩니다. 수틀이 팽팽하게 원단을 잡아주기 때문에 실을 일정하게 당길 수 있게 도와주기는 하나, 수틀 모양에 따라 원단에 주름이 가고 사용 자체가 불편하여 사용하지 않는 경우도 많습니다.

2 가위 하덴거에서 또한 중요한 것이 가위입니다. 컷팅하는 작업이 많다 보니, 하덴거를 할 때는 일반적인 자수 가위는 추천하지 않습니다. 끝이 날카로운 하덴거 전용 가위가 절삭력이 우수합니다.

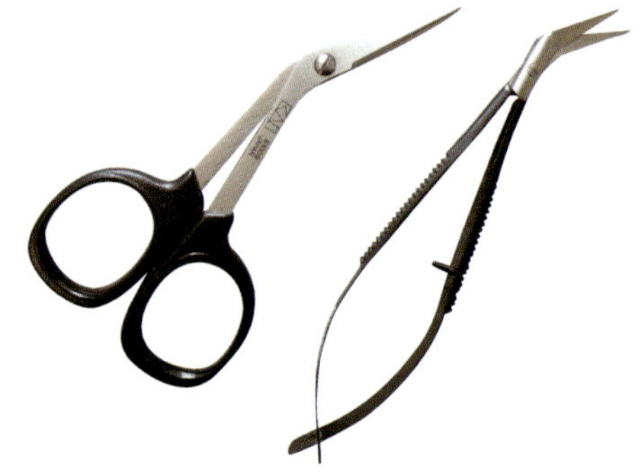

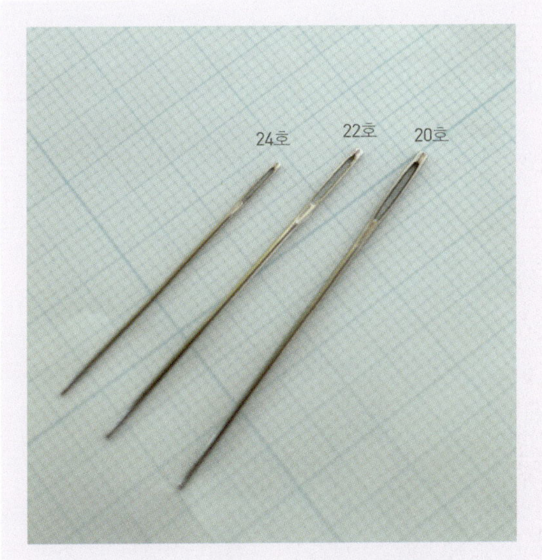

❸ 바늘

태피스트리를 만들 때 사용하는 귀가 길고 넓은 끝이 둥근 바늘을 사용합니다. 호수가 커질수록 바늘은 가늘어집니다. 일반적으로 20카운트 원단에는 20~22호와 24호를 사용하고, 25카운트 이상에는 22~24호를 사용합니다.

❹ 실

하덴거 자수는 원단 카운트에 따라 5번사, 8번사, 12번사 실을 사용합니다. 20카운트 원단에는 5번사와 8번사 실을 사용하며, 25카운트 이상의 원단에는 8번과 12번사 실을 사용하면 됩니다. 실은 번호가 커질수록 굵기가 가늘어집니다 (5번 〈 8번 〈 12번).
DMC 실이 일반적으로 구하기 쉬우며, Anchor(앵커), house of embroidery(H of E), Valdani(발다니) 사에서도 5번사, 8번사, 12번사를 제공하고 있습니다.

실 정리와 원단 끝처리 팁

01. 브랜드와 실 번호가 표시된 종이 포장지는 버리지 않고 실 정리에 활용합니다.

02. 꼬여 있는 실을 풀어줍니다.

03. 한쪽 끝 부분을 잘라주세요.

04. 종이 포장지의 작은 부분에 실을 끼워주세요.

05. 좀 더 긴 종이 포장지에 실을 묶어서 끼워넣습니다.

06. 이렇게 정리된 실을 한 가닥씩 뽑아 쓰면 실도 엉키지 않고 편리합니다. 또는 보빈을 활용해서 실을 감아준 후에 잘라서 사용해도 좋습니다.

07. 하덴거 원단은 특성상 끝 부분의 올이 계속 풀리기 때문에 끝 부분을 오버로크해주거나, 미싱이 없을 경우에는 간단하게 종이 테이프로 마무리 해주거나 원단 전용 본드를 사용해서 올이 풀리지 않게 해주는 것이 좋습니다.

CHAPTER 2

하덴거
스티치

Hardanger
Stitches

클로스터 블록

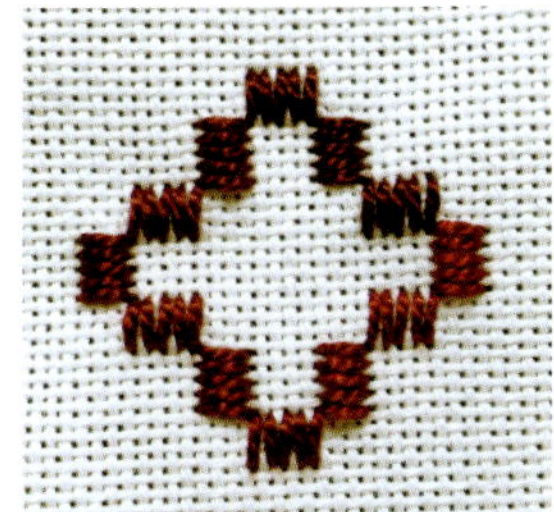

클로스터 블록은 새틴 스티치로 정사각형, 또는 직사각형을 만들어 격자무늬를 만드는 스티치입니다. 새틴 클로스터 블록 시리즈는 이 클로스터 블록의 변형이며, 기본형은 이 페이지에서 배울 수 있습니다.

01. 실을 빼낸 구멍에서 4칸 위에 있는 구멍에 바늘을 꽂아주세요. 처음 실을 빼낸 구멍의 바로 옆 구멍으로 바늘을 빼내어줍니다.

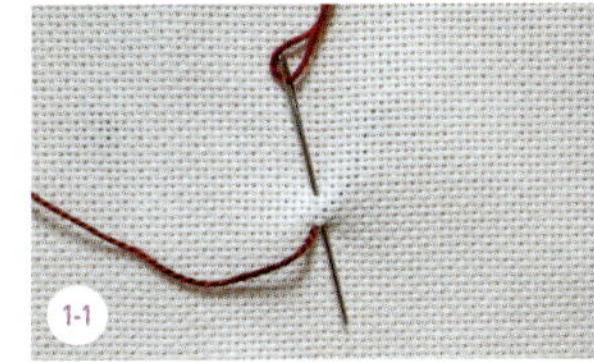
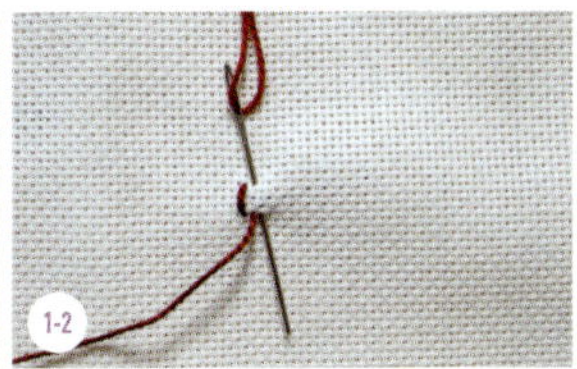

02. ①과 같은 방식으로 5개의 새틴 스티치를 만들어줍니다.

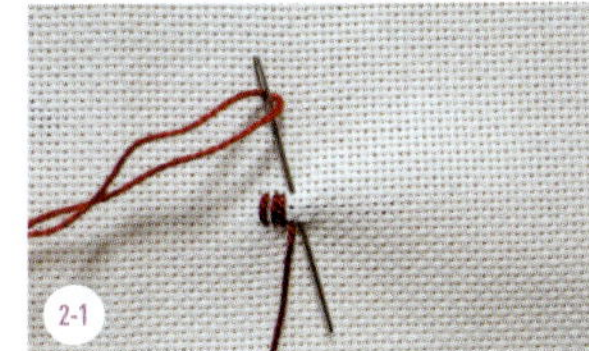
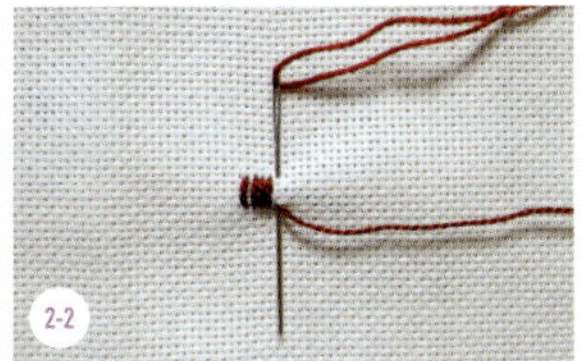

03. ①과 같은 방식이지만, 이번에는 오른쪽으로 직사각형을 연결해보겠습니다. 오른쪽으로 4칸 옆에 있는 구멍에 바늘을 꽂아주세요. 같은 방식으로 5개의 스티치를 만듭니다.

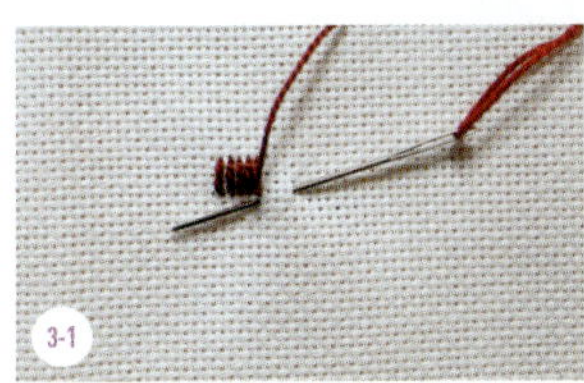

04. 5번째 칸에서 4칸 아래에 있는 구멍으로 실을 빼내어줍니다. 다시 ①번 과정처럼 아래에서 위로 바늘을 움직이며 스티치가 이어지는 모습을 볼 수 있습니다.

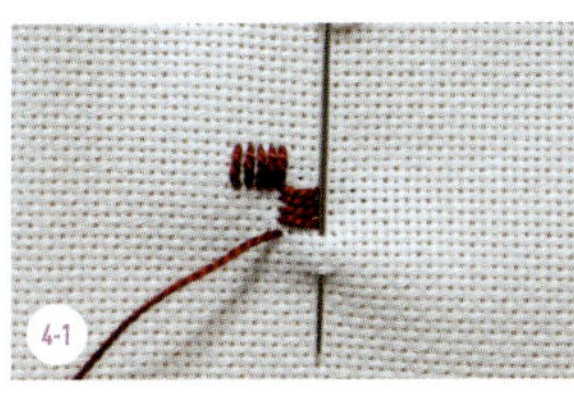
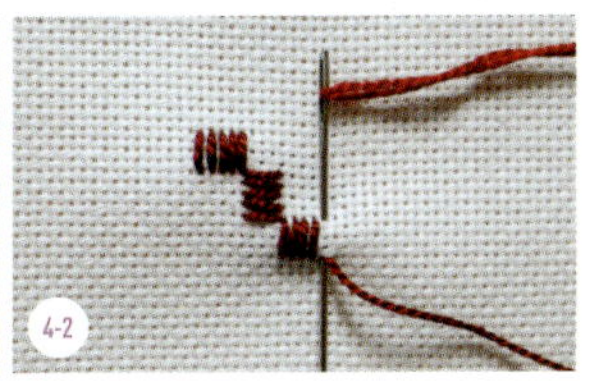

버튼홀 스티치

하덴거 도일리의 테두리를
마감할 때 가장 많이 쓰이
는 스티치입니다.

01.

첫 번째 실이 나온 다음 칸의 4칸 위로 바늘을 꽂아 넣고, 맨 처음 실이
나온 칸의 옆 칸으로 바늘을 빼내어줍니다. 이때 실을 바늘 아래에 두
고 바늘을 당겨줍니다.

TIP

적당한 힘으로, 일정한 간격으로 팽팽하게 당겨줘야 버튼홀 스티치를 고르게
수놓을 수 있습니다. 반복해서 4개의 버튼홀 스티치를 만들어주세요.
마무리 때 처음 시작점 스티치에 버튼홀이 추가되기 때문에 맨 처음 시작할 땐 버
튼홀 스티치가 4개씩이지만, 그 다음부터는 5개씩 들어간다는 점을 잊지 마세요.

02.

6번째 스티치에서는 2칸 옆에서 바늘을 빼내
어주세요. 7번째 스티치에서는 처음에 실을 빼
냈던 구멍으로 바늘을 다시 꽂아 넣고, 사선으
로 한 칸 위쪽에 있는 구멍으로 바늘을 빼내어
주세요.

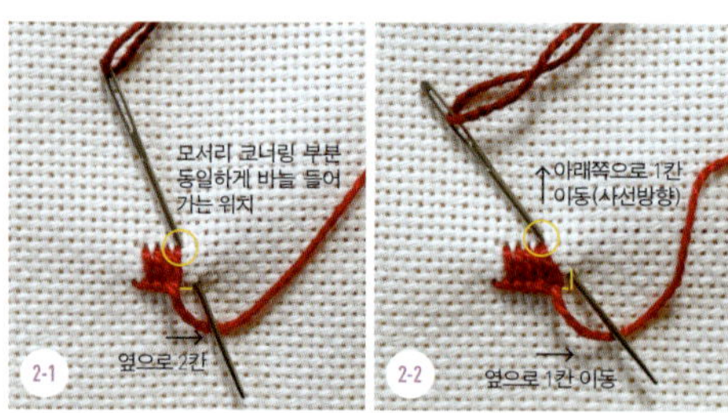

03.

8번째 스티치도 마찬가지로, 사선으로 한 칸
위에 있는 구멍으로 바늘을 빼내어줍니다. 이
대로 따라오셨다면 9번째 스티치에서는 다시
바늘이 직선으로 빠져나오게 됩니다.

04.

다시 버튼홀 스티치를 반복해주세요.

05.

❶~❹의 과정을 반복해주세요.

 3번째 코너에서는 위와 아래 모두를 막아서 디귿자 모양을 만들어주세요. 이렇게 반복해나가다 보면 마지막 부분과 첫 부분이 맞물리게 됩니다.

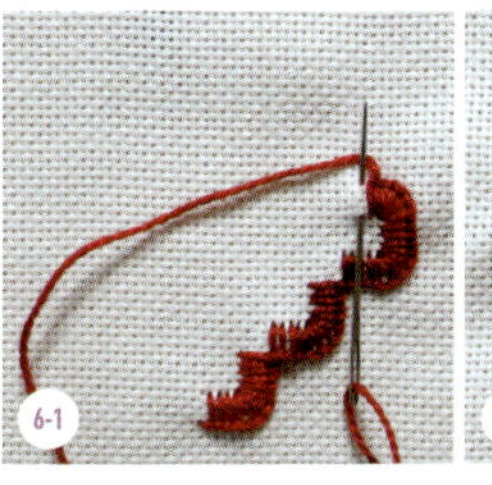

07. 처음 스티치를 했던 구멍으로 바늘을 집어넣습니다. 뒷면에서 실을 정리하여 마무리해주세요.

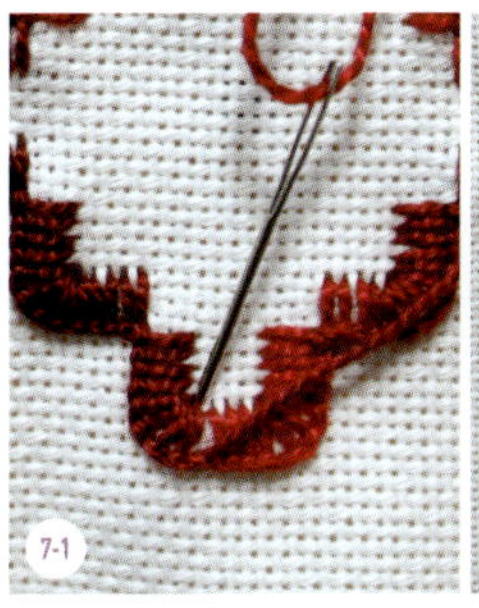

TIP 실 연결 및 마무리 방법

01 실이 부족할 때는 버튼홀 스티치 후 마지막 스티치에서 실이 걸려 있는 상태로 둔 채, 새로 바늘에 실을 꽂아주세요. ❶과 같은 방식으로 버튼홀 스티치를 새로 이어 나갑니다.

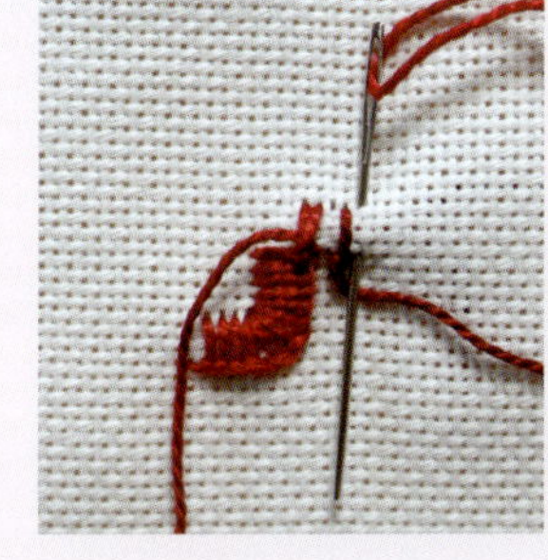

02 원하는 만큼 버튼홀 스티치를 한 뒤, 걸려 있던 실에 바늘을 끼우고 7-1번 사진처럼 스티치 머리에 바늘을 집어넣어주세요. 1칸 옆, 4칸 위에 있는 빈 구멍으로 바늘을 꽂아 넣어주세요.

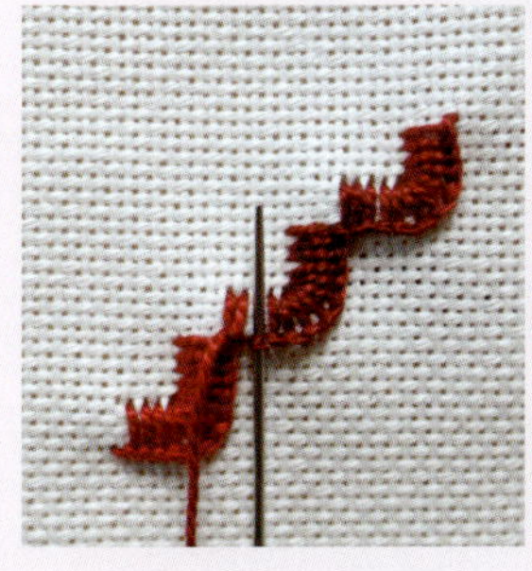

03 깔끔하게 실이 연결되었습니다. 원단을 뒤집어 실을 정리해 마무리해주세요.

컷팅 리무빙 트레드

cutting Removing threads

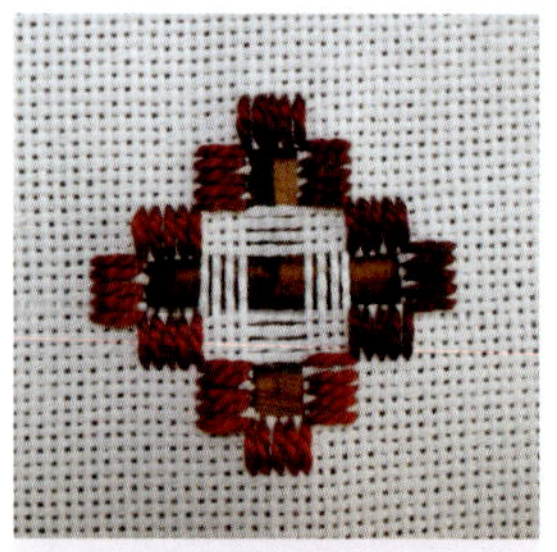

클로스터 블록 등을 통해 테두리가 완성된 공간 안의 실을 부분적으로 잘라내어 무늬를 만드는 방법입니다. 이후 컷팅이라고 적힌 부분들은, 따로 표기되어있지 않은 한 컷팅 리무빙 트레드를 의미합니다.

01. 각 모서리의 끝에 있는 클로스터 블록 안쪽의 천을 가위로 자릅니다. 이때 실이 함께 잘리지 않도록 주의하며, 클로스터 블록로 둘러싸인 4면을 모두 잘라주세요. 핀셋 등으로 잘라낸 올을 빼내어주세요.

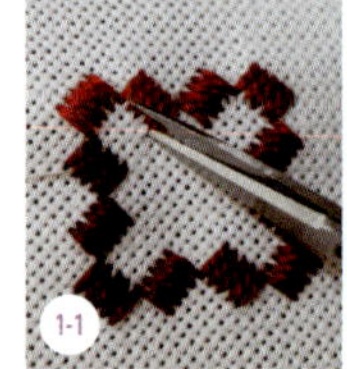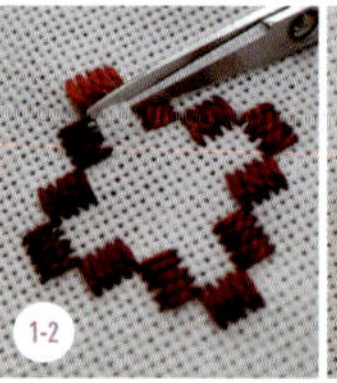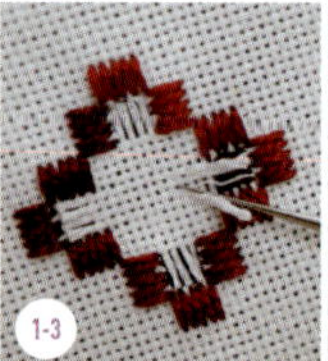

02. 4가닥의 실이 4면에 남아 있는 모습을 확인할 수 있습니다. 이렇게 남아 있는 실에 자수 실을 엮어 새로운 무늬를 만들 수 있습니다.

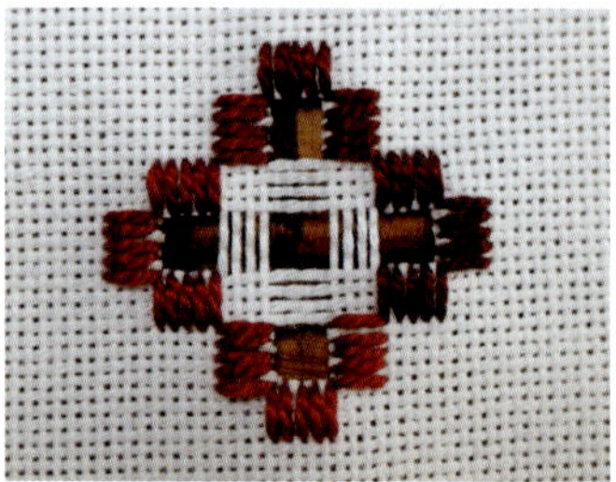

컷팅 트레드 인 스몰 스퀘어

cutting threads in small squares

컷팅의 일종으로, 작은 사각형 모양 구멍을 만드는 과정입니다.

클로스터 블록을 한 뒤 네모 안을 잘라줍니다.네모처럼 비운 모양 그 자체로도 훌륭한 문양이 되지만, 구멍 안에 스티치를 채워 다양하게 연출할 수도 있습니다.

다이아그놀 트위스티드 바 위드 센터 로세트

스파이더 웹 필링 스티치

Diagonal twisted bars with center Rosette (spider's web Filling stitch)

01. 원단 뒷면의 클로스터 블록에 실을 걸어 모서리 부분으로 바늘을 꺼내어줍니다. 사선으로 바늘을 넣고 트위스티드 바(Twisted bars)를 만들어줍니다. 반대쪽 방향으로도 바를 만들어주고 휘프트 스티치를 2번 합니다.

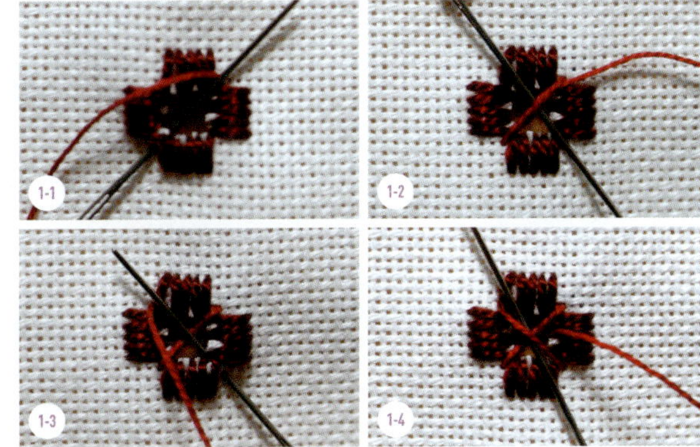

02. X 모양의 위쪽 V 모양 사이로 바늘을 빼냅니다. 위-아래-위-아래로 바늘을 교차하며 2바퀴를 감으면 거미줄 모양이 만들어집니다.

03. ❶에서 휘프트 스티치를 1번만 감은 바에 휘프트 스티치를 1번 더 감아줍니다. 실이 나온 곳으로 바늘을 집어넣고 마무리합니다.

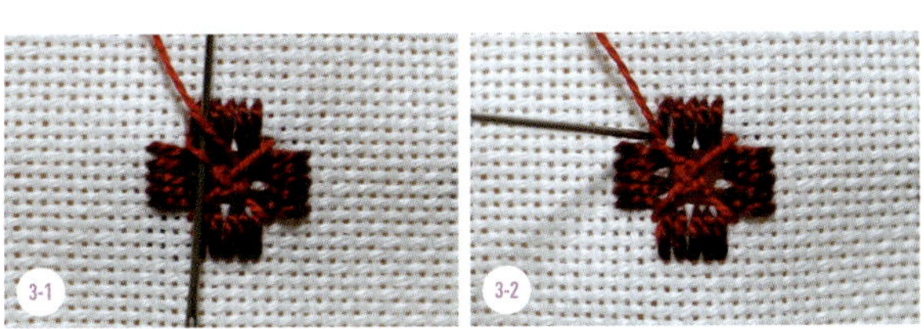

넛트 트위스티드 크로스 스티치

사선을 꼬아 십자가 모양 매듭을 만드는 스티치입니다.

01. 컷팅 트레드 인 스몰 스퀘어로 천을 잘라낸 후, 모서리 부분으로 바늘을 빼내어줍니다. 위에서 아래 방향으로 바를 걸어서 휘프트 스티치를 2번 감아 트위스티드 바를 만들어줍니다.

02. 반대쪽도 아래에서 위 방향으로 바를 걸어 휘프트 스티치로 2번 감아 트위스티드 바를 만들어줍니다.

랩드 바

남아있는 실을 엮어 무늬를 만들어주는 스티치의 일종입니다.

01.

클로스터 블록 뒷면에 실을 숨겨 바늘을 빼내어줍니다. 남아있는 4가닥의 실을 한 번에 잡아 감아줍니다.

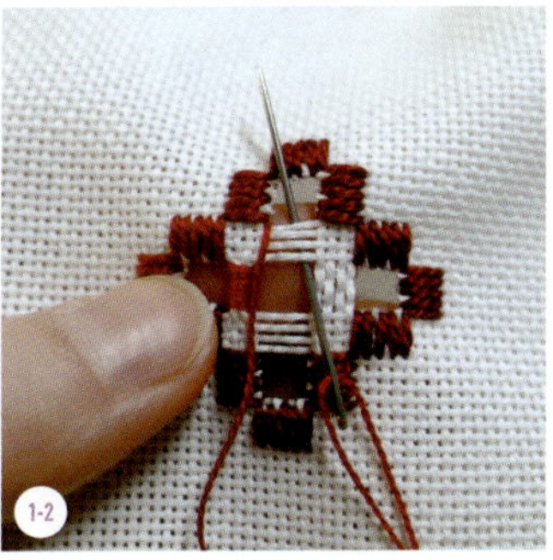

TIP

랩드 바 스티치는 실이 겹치지 않게 감아주는 것이 중요합니다. 엄지와 검지를 이용해 원단을 잡아주며 실을 감으면 울퉁불퉁하게 감기지 않고 평평하게 잘 감깁니다.

02.

진행방향으로 나머지 3방향의 실도 감아줍니다. 실은 클로스터 블록 뒷면에 숨겨 마무리합니다.

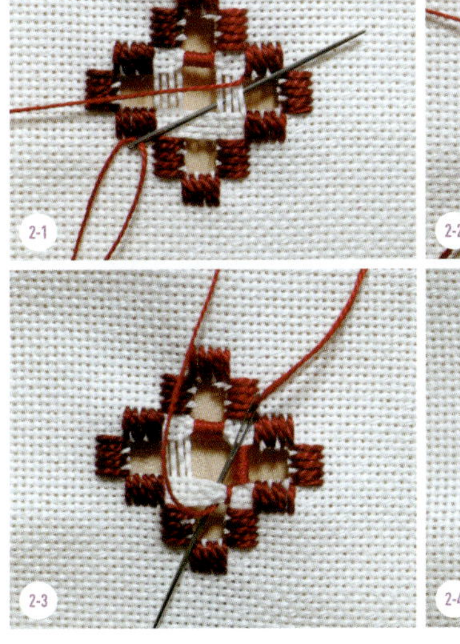

2줄 랩드 바 랩드 바 오버 2 트레드

랩드 바와 스티치 방법은 동일하나, 2줄씩 감아주는 것이 포인트입니다.

01. 4가닥의 실 가운데로 바늘을 빼냅니다. 바깥쪽의 실 2가닥을 잡아서 감아줍니다.

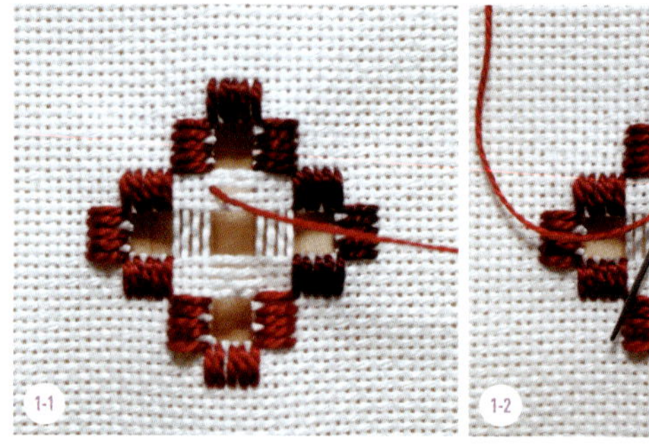

02. 계속해서 2가닥씩 감아서 바깥쪽 4개 방향을 완성합니다.

03. 안쪽에 남아있는 2가닥의 실을 다시 감아준 후, 실을 클로스터 블록 뒷면에 감춰서 마무리합니다.

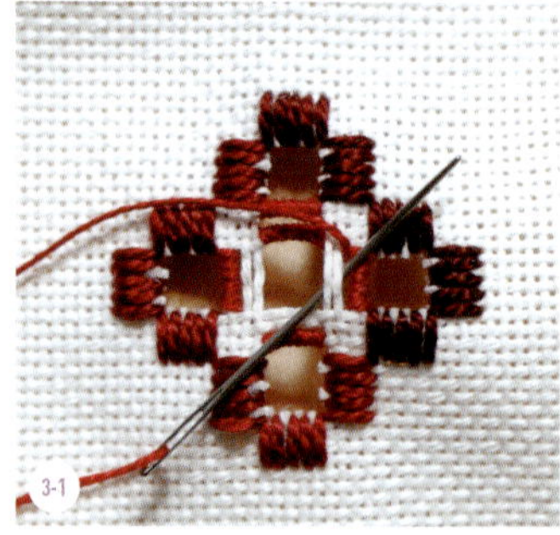

랩드 바 워드 # 스파이더 웹 스티치

(Wrapped Bars with) Spider's Web Stitch

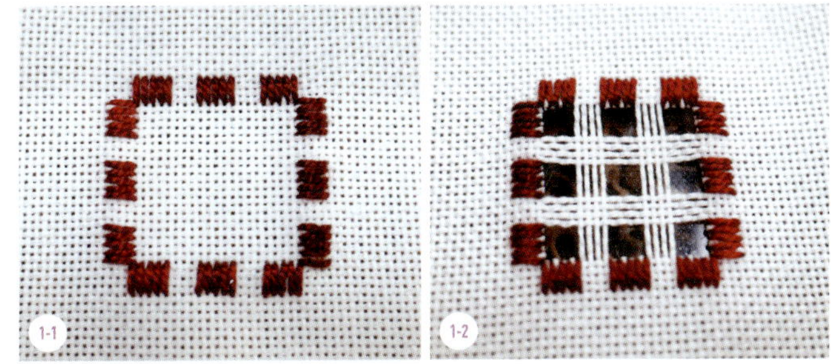

기둥의 중심부를 동그란 모양으로 감싸 모양을 내는 스티치입니다.

01. 새틴 스티치를 4칸씩 5줄 수놓아줍니다. 4칸 띄운 자리에서 다시 새틴 스티치를 하여 한 줄에 3개씩 총 12개로 이루어진 정사각형을 완성한 뒤 각 모서리와 중간 부분을 잘라줍니다.

02. 4줄을 실로 한꺼번에 감아 랩드 바를 만들어주세요. 사다리꼴로 실을 시작부분에서 끝까지 감아준 뒤 바늘을 꽂아 넣어 뒷면에 실을 감춘 후에 다시 감아가며 마무리해주세요.

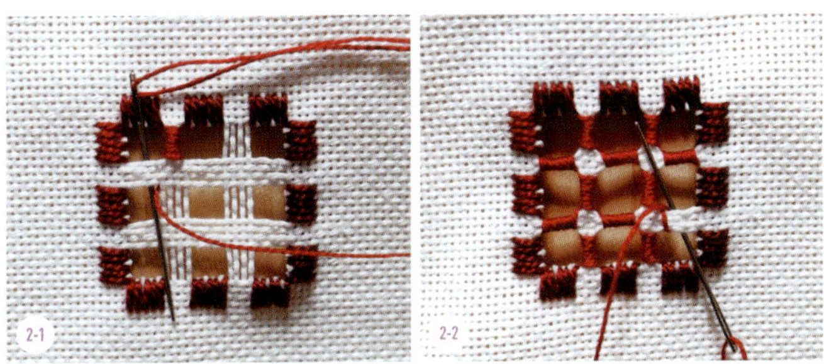

03. 3-1번 사진처럼 원단을 뒤집은 뒤 실을 정리해주세요. 십자 모양의 중앙 부분으로 바늘을 빼내어주고, 다시 원단을 뒤집어 앞면을 봅니다. 사진처럼 기둥에 실을 위-아래-위-아래로 통과시키며 스파이더 웹 스티치를 합니다. 반 정도만 채워주세요.

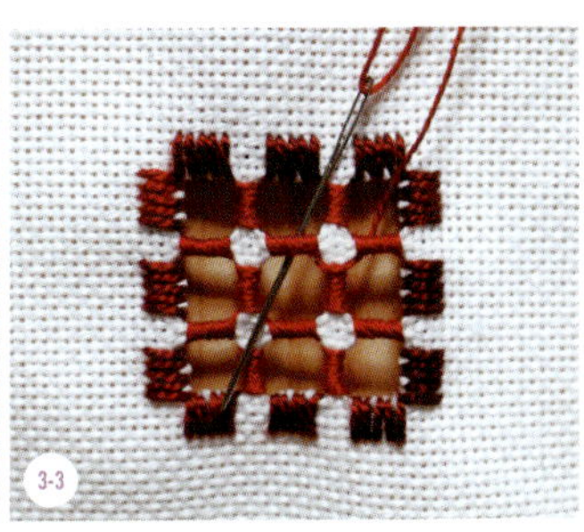

04.

반을 채운 후에 옆 라인 십자모양의 중앙까지 실을 감아가며 이동합니
다. 두 번째 십자 모양도 스파이더 웹 스티치를 반만 채워준 뒤 기둥 끝까
지 실을 감아주세요.

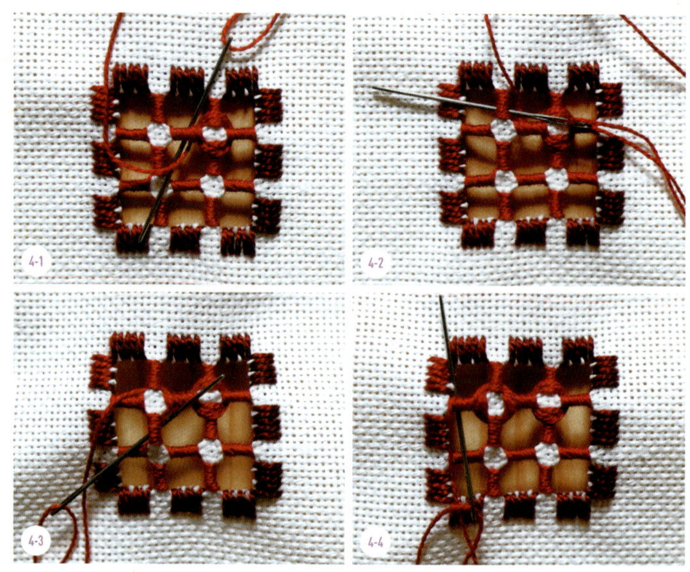

05.

❸~❹ 과정을 반복하며 나머지 두 개의 십자 모양도 스파이더 웹 스티치
로 채워주세요.

위븐 바 니들위빙

랩드 바와 마찬가지로 컷팅한 후 남아있는 실을 엮어 무늬를 만들어주는 스티치입니다.

01. 컷팅 후 남아있는 4가닥의 실 가운데로 바늘을 빼내어주세요.

02. 사진처럼 기둥에 실을 위-아래-위-아래로 통과시키며 위븐 바를 둘러둘러줍니다.

TIP

진행방향 그대로 원단을 잡고 스티치를 하기 어려울 때에는 편한 방향으로 원단의 방향을 바꿔서 스티치해주세요.

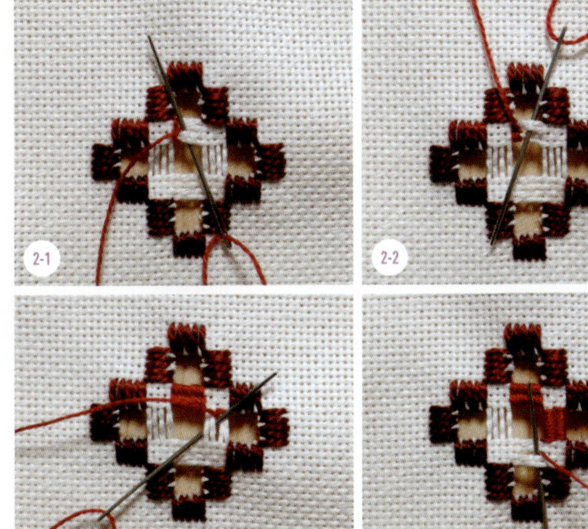

03. 진행방향에 따라 나머지 부분도 위븐 바로 마무리해주세요.

위븐 바 위드 피콧

위븐 바와 방법은 동일하며, 위븐 바를 진행하면서 피콧(picots, 작은 매듭 모양)을 이어가는 스티치입니다.

01. 위븐 바를 교차하면서 반 정도가 완성되면 사진처럼 고리를 만들어서 매듭이 생기게 당겨주세요. 2가닥씩 묶인 실의 중간으로 바늘을 빼내어 나머지 위븐 바를 채워줍니다.

TIP

이때 매듭이 예쁘게 자리 잡을 수 있도록 손으로 모양을 잡아주어야 합니다. 힘을 줘서 당길 경우에는 매듭이 뒤로 넘어가 보이지 않을 수 있으니 주의하세요.

02. 나머지 3방향도 같은 방식으로 피콧을 만들어줍니다.

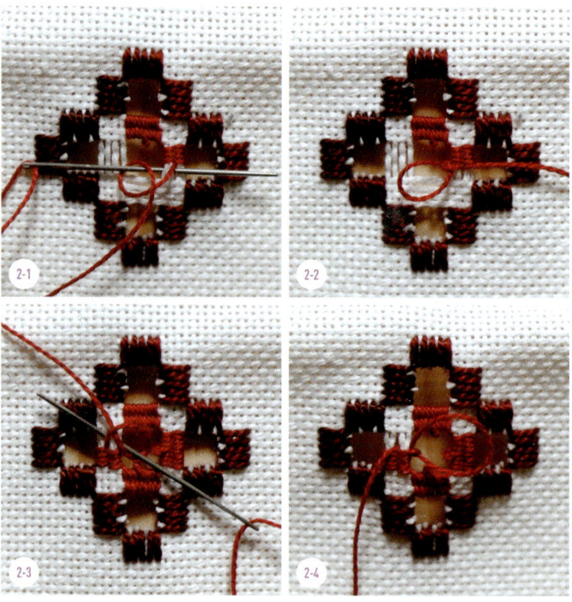

새틴 피라미드로 테두리를
두르고 모서리 4칸을 컷팅
하여 시작합니다.

다이아몬드 엣지 위드 **위븐 패틀**

(Diamond edge with) Woven petals

01.

좌측 모서리 부분에서 바늘을 빼내어 중심으로 바늘을 넣어줍니다. 빼낸 바늘을 실의 아래로 넣어 스티치를 휘감는데, 이를 휘프트 스티치(Whift stitch)라 하며, 휘프트 스티치를 두 번 감으면 트위스티드 바(Twisted bar)가 됩니다.

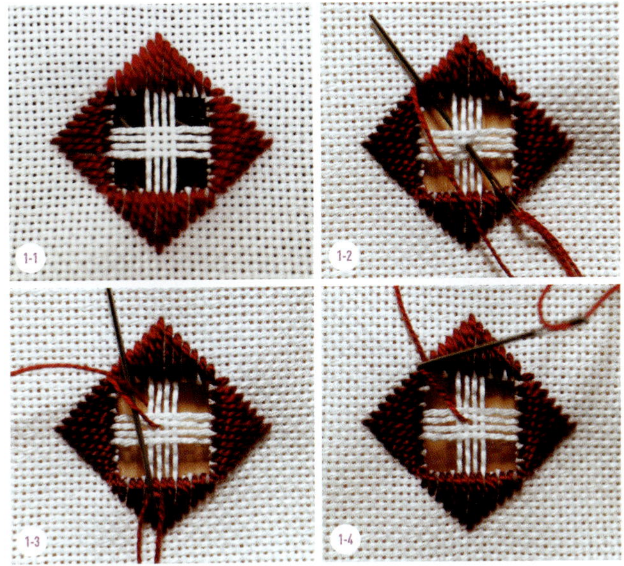

02.

반시계방향으로 트위스티드 바를 하되, 마지막 바는 휘프트로 감지 않고 중심에 바늘을 넣어주세요. 바의 위에 바늘을 놓고 4가닥의 실 사이로 빼내어줍니다. 위-아래-위-아래 순으로 교차해 감아주세요.

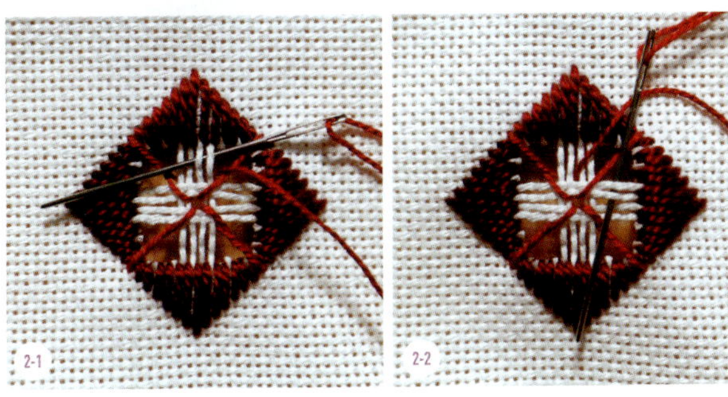

03. 트위스티드 바의 아래로 바늘을 집어넣어 2줄씩 실을 감아줍니다.

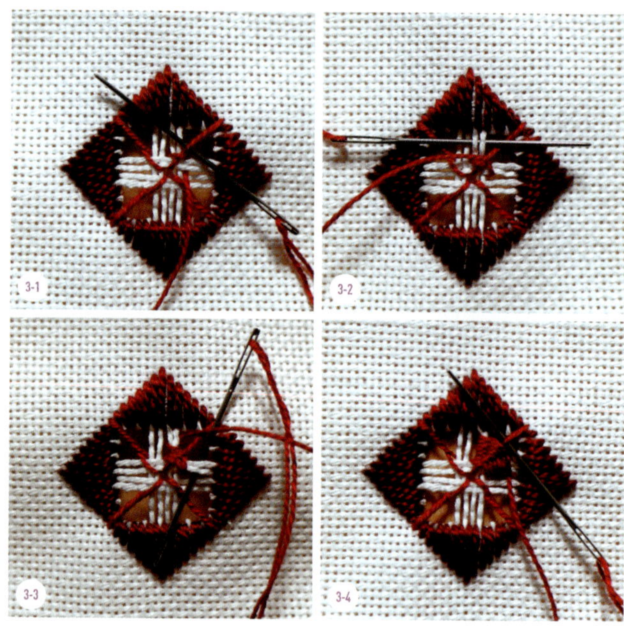

04. 트위스티드 바의 끝부분을 휘프트 스티치로 감아준 후에 실이 나온 부분으로 바늘을 넣어줍니다.

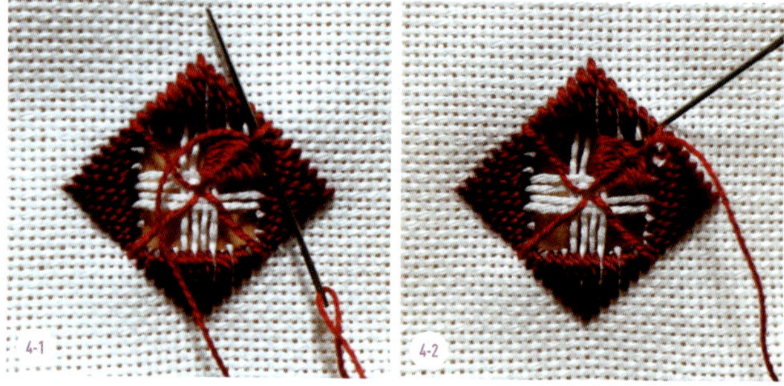

05. 원단을 뒤집어 기둥을 감은 실 사이로 바늘을 빼냅니다. 다시 앞면으로 뒤집어 ❷~❹의 과정을 위–아래 순으로 반복하며 공간을 채워줍니다.

다이아그놀 더블 케이블 스티치

Diagonal Double Cable Stitch

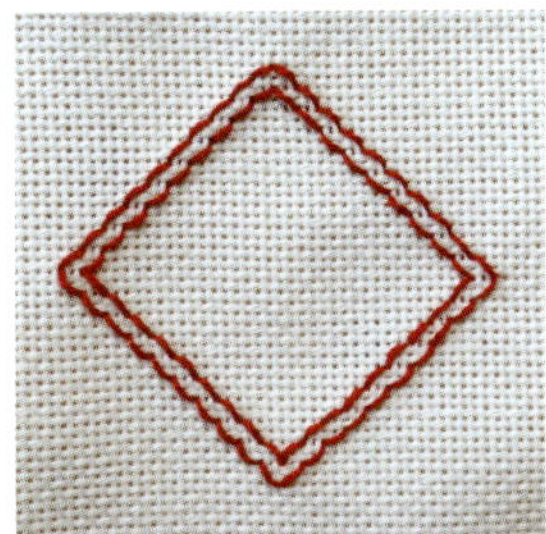

2개의 평행된 사선으로 테두리를 감싸는 스티치 입니다.

01. 실이 나온 부분에서 오른쪽으로 2칸, 아래로 2칸 위치에 바늘을 넣고 실을 당겨줍니다. 사선 하나가 완성되면 바늘을 2칸 왼쪽 구멍으로 빼내어 위의 사선과 평행된 사선을 만들어주세요.

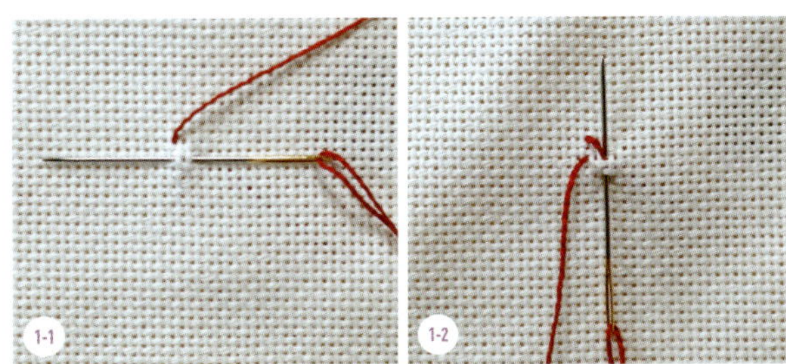

02. 반대쪽 방향으로도 바를 만들어주고 휘프트 스티치를 1번 합니다.

TIP

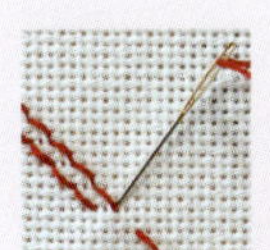

첫 번째 줄의 맨 마지막 스티치는 백스 티치로 해야 모서리 가 꺾이는 부분에서 실이 풀리지 않습니다.

03. 바늘을 빼낸 곳에서 2칸 위, 즉 위 사선의 아래 구멍으로 바늘을 빼냅니다. 같은 방법으로 평행된 사선을 계속해서 이어주세요.

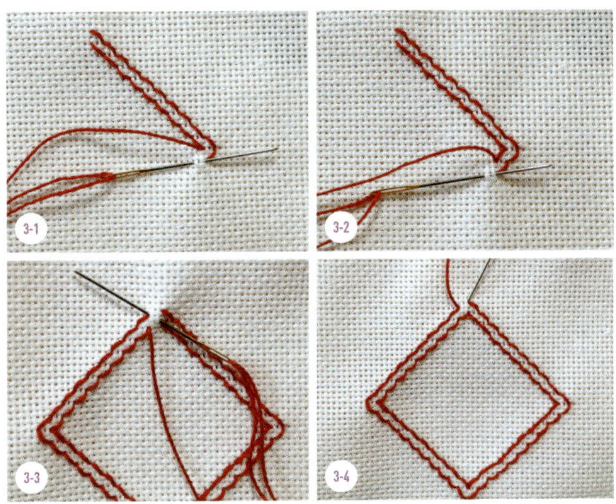

다이아그놀 트리플 케이블 스티치

Diagonal Triple Cable Stitch

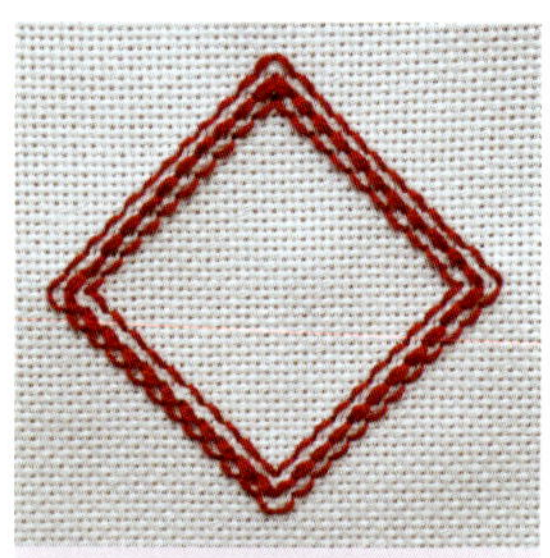

더블 케이블 스티치의 변형으로, 3개의 평행된 사선이 테두리를 만들어주는 스티치입니다.

01. 시작은 더블 케이블 스티치와 같습니다. 실이 나온 부분에서 오른쪽으로 2칸, 아래로 2칸 위치에 바늘을 넣고 실을 당겨줍니다. 사선 하나가 완성되면 바늘을 2칸 왼쪽 구멍으로 빼내어 평행된 사선을 만들어주세요.

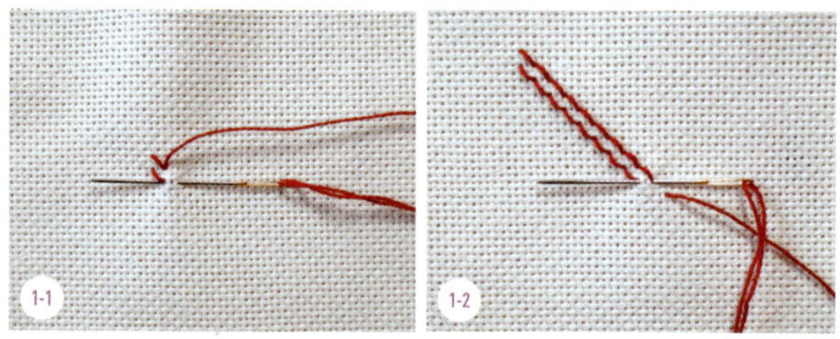

02. 두 번째 줄 사선으로 2칸 아래에 바늘을 꽂아넣고, 2칸 아래의 구멍으로 바늘을 빼냅니다. 왼쪽으로 2칸, 위로 2칸에 위치한 구멍에 바늘을 집어넣고 두 번째 줄 사선 끝으로 바늘을 빼내어 줍니다.

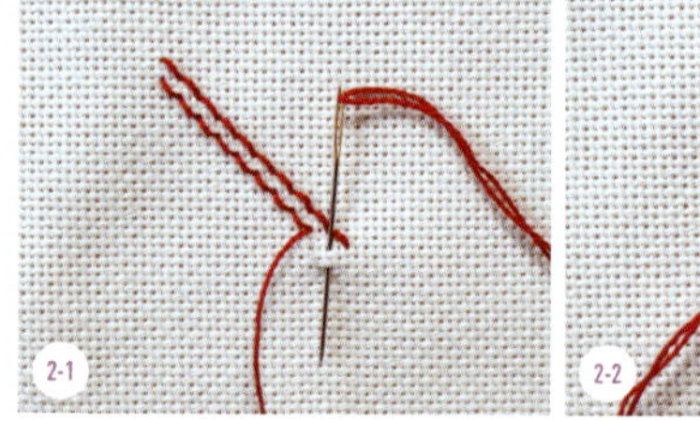
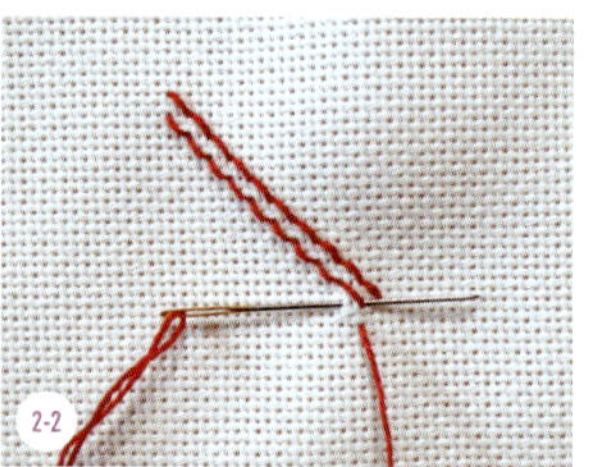

03. ❷의 과정을 반복하며, 두 번째 줄에 겹쳐서 스티치하면서 세 번째 줄로 반복해서 스티치합니다.

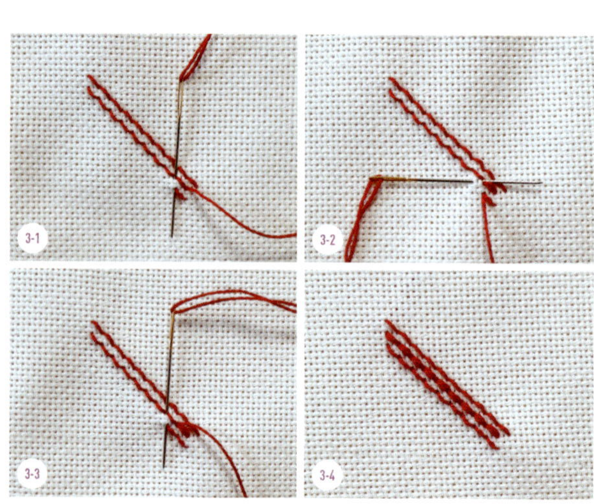

TIP

총 4줄의 사선 라인을 만드는 스티치이지만, 두 번째 줄 스티치기 겹쳐지므로 실제로는 3줄처럼 보이게 됩니다.

호라이즌 더블 케이블 스티치

Horizontal Double Cable Stitch

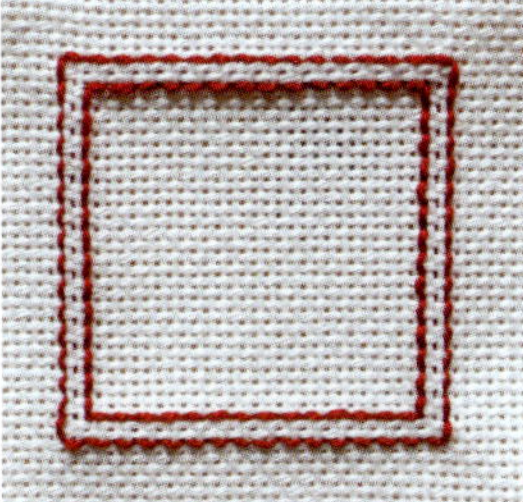

백스티치 두 줄이 평행으로 나란히 이어지는 모양의 스티치입니다.

01. 실이 나온 곳에서 옆으로 2칸, 아래로 2칸 이동하여 바늘을 빼내줍니다. 아래쪽 실이 나온 곳에서 옆으로 2칸 이동해 바늘을 넣어줍니다. 윗줄 스티치가 끝난 부분으로 바늘을 집어넣어 당겨줍니다. 원하는 만큼 반복합니다.

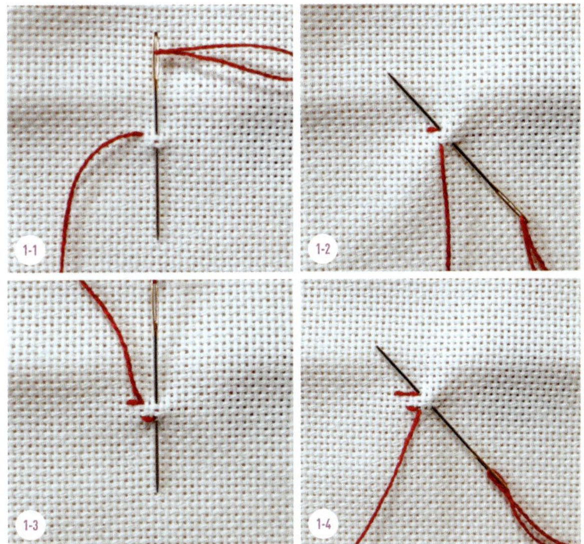

02. 꺾이는 모서리 부분에서는 끝부분에서 2칸 옆으로 이동해 백스티치합니다. 다시 2칸 옆으로 바늘을 집어넣고, 실이 걸려있는 부분의 2칸 아래로 이동해 바늘을 빼냅니다. 각 면을 채워가며 반복합니다.

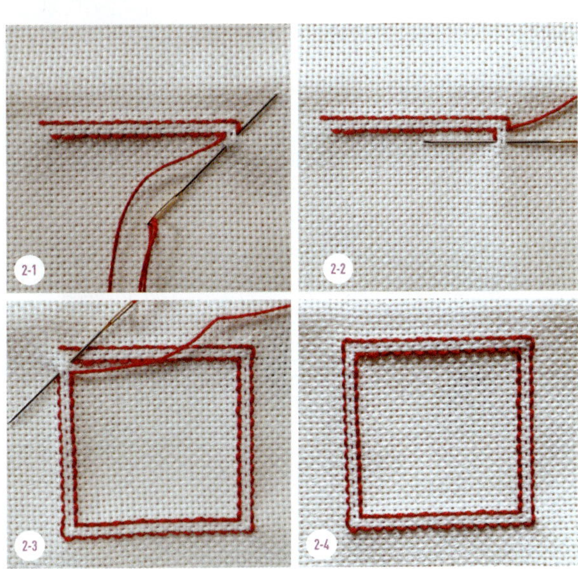

가운데가 솟은 성곽 모양
의 테두리 기법인 크레넬
레이티드 엣지와 그리스
십자가 모양의 스티치를
활용한 스티치를 배워보도
록 하겠습니다.

크레넬레이티드 엣지 위드 # 그릭 크로스 필링

01. 4칸 스티치 4번, 8칸 스티치 5번씩 하여 크레넬레이티드 엣지를 완성
해주세요. 모서리의 원단을 4칸씩 잘라준 뒤 2줄 랩드 바합니다.

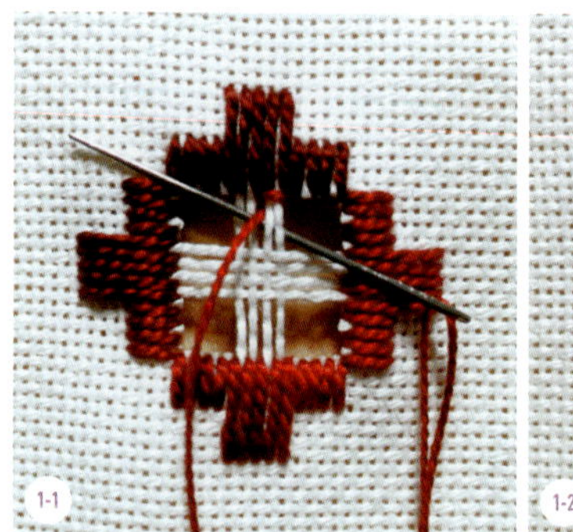

02. 바늘을 실의 아래에 두고 2에서 만든 기둥 사이로 교차하며 바늘을 통
과시킵니다. 기둥과 함께 실을 감다가 반 정도 채워지면 랩드 바로 감
아주세요.

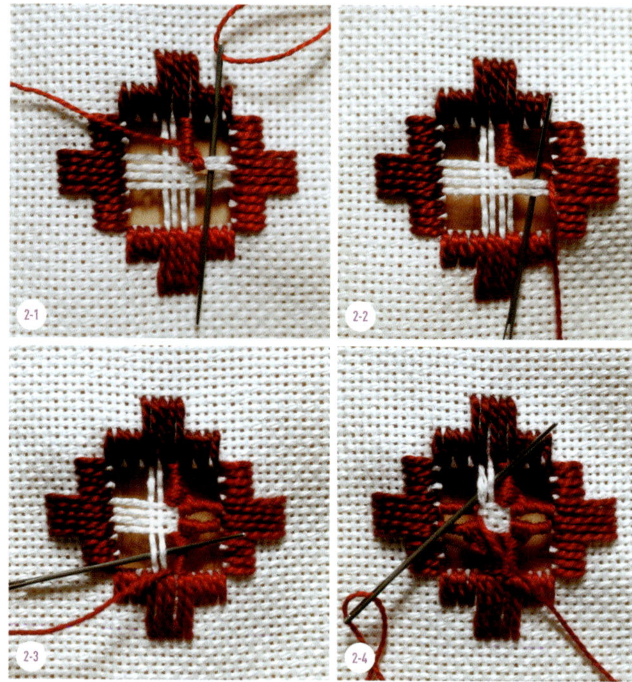

리버스 그릭 크로스

Reverse Greek cross

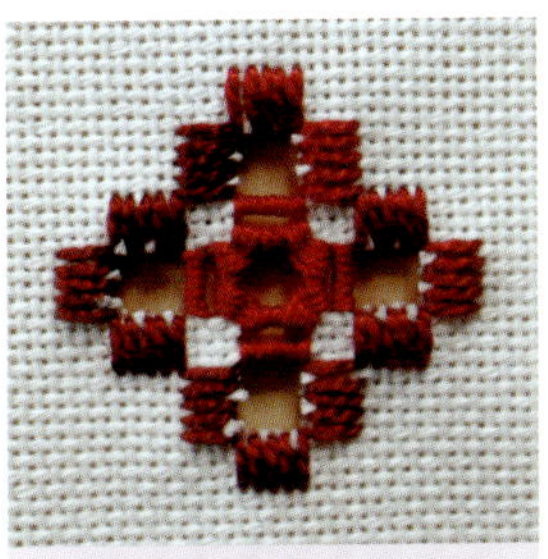

앞서 소개하였던 그릭 크로스를 응용한 스티치로, 말 그대로 '역전된' 모양의 그리스 십자 모양 스티치입니다.

01. 2줄 랩드 바로 바깥쪽을 먼저 감아줍니다. 반대방향으로 안쪽 바를 하나 만든 뒤, 안쪽 바와 교차하며 두 번째 바를 감아주세요. 반 정도 감아준 뒤 나머지 바도 채워주세요.

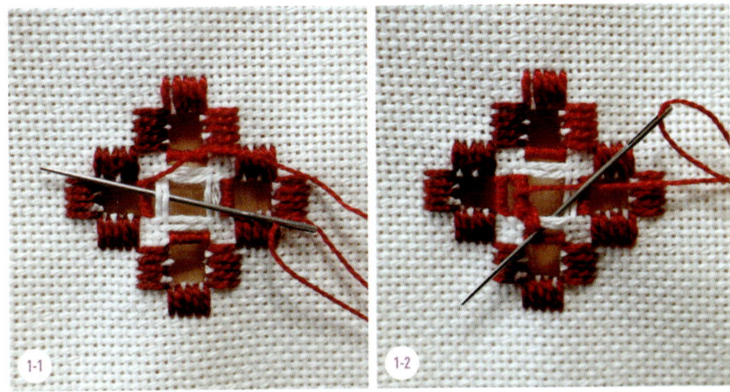

02. 마지막 부분이 반 정도 채워지면 교차된 부분 뒷면으로 바늘을 집어넣어 마무리합니다.

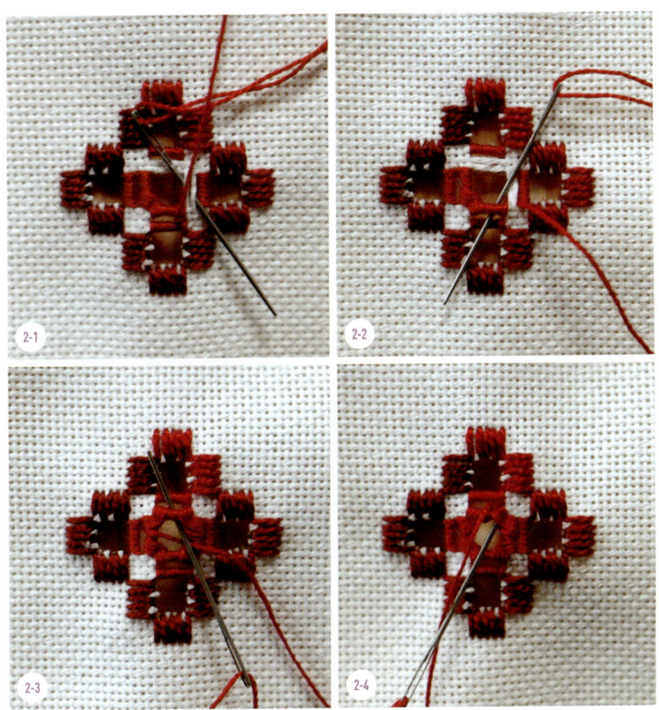

트위스티드 래티스 밴드

Twisted Lattice Band

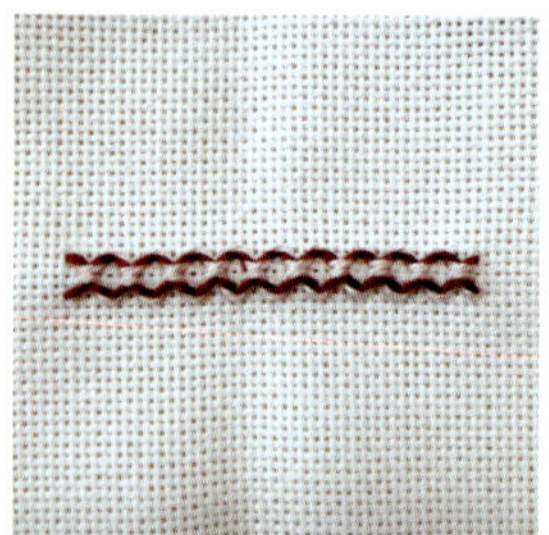

십자 모양의 스티치 위아래로 실을 교차하여 걸어 볼륨감 있는 선을 만들어 주는 스티치입니다.

01. 실이 나온 지점에서 위로 4칸, 옆으로 4칸 떨어진 곳으로 바늘을 넣어 준 뒤 4칸 아래 부분에서 바늘을 빼내어줍니다. 원하는 길이만큼 반복 합니다.

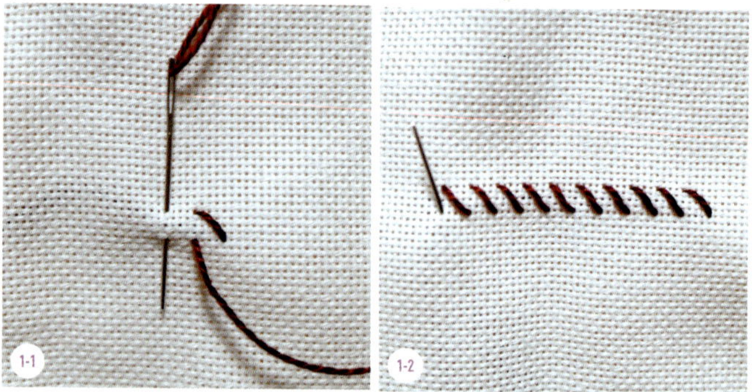

02. ❶번을 반대로 반복하여 ×자 모양을 만들어줍니다. 실을 바꿔준 뒤, 처음 시작했던 구멍으로 바늘을 빼내어 아래 기둥 사이로 바늘을 통 과시킵니다. 빨간색 실이 나온 구멍으로 바늘을 꽂아 마무리합니다.

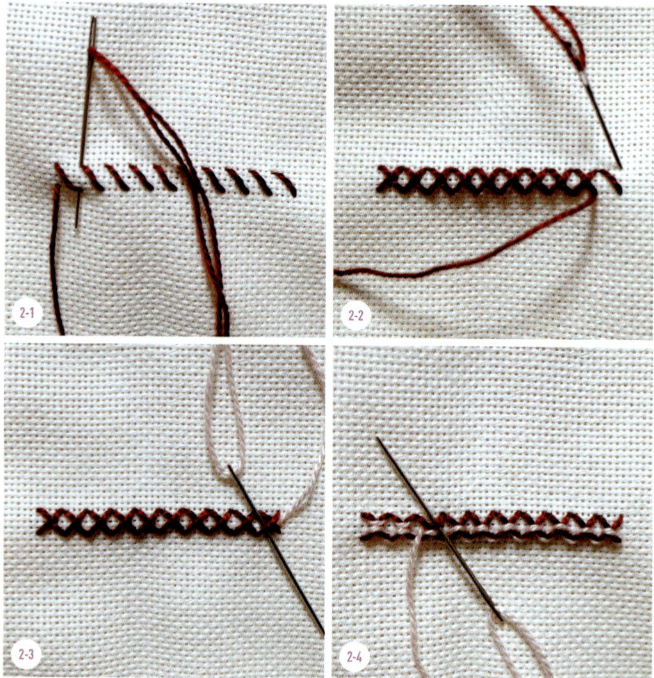

크레넬레이티드 엣지에 레이지 데이지 스티치가 혼합된 형태입니다. 앞서 소개된 그릭 크로스와는 또 다른 느낌이지요. 각 모서리는 4칸씩 컷팅하여 실을 빼낸 뒤에 스티치를 시작합니다.

레이지 데이지 스티치

Crenellated edge with Lazy Daisy stitch

01. 가운데 실을 왼쪽 4개 실만 제외하고 모두 위븐 바로 감아주세요. 가운데 네모 모양의 중심 부분으로 바늘을 빼낸 뒤, 같은 구멍으로 바늘을 넣고 바늘을 당기며 링을 만들어줍니다.

02. ❶과 같은 방식으로 오른쪽 위에도 매듭을 지어줄 거예요. 네모 모양의 중심으로 다시 바늘을 빼내고, 같은 구멍에 바늘을 넣으면서 링을 만들어주세요.

03. 남은 4개의 실에 위븐 바를 감아주어 마무리합니다.

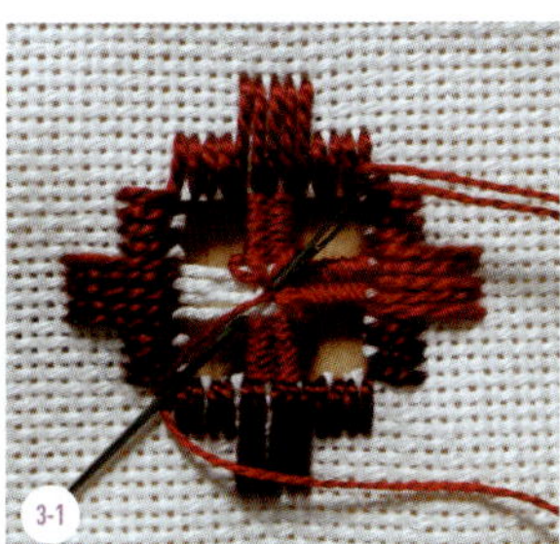

룹 스티치 도브 아이 필링

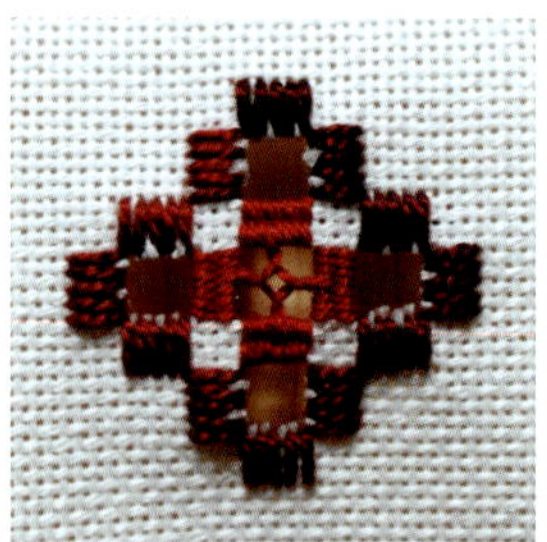

비둘기의 눈처럼 가운데에 마름모꼴 모양을 만들어주는 스티치입니다. 클로스터 블록으로 12개의 블록을 만든 뒤 각 모서리를 잘라주고 난 뒤 시작합니다.

01. 위븐 바를 감아줍니다. 마지막은 반만 감고, 기둥 가운데로 실을 빼내어 아래쪽 위븐 바의 가운데로 바늘을 집어넣어 빼냅니다. 이때 실은 바늘 아래쪽으로 두고 당겨줍니다.

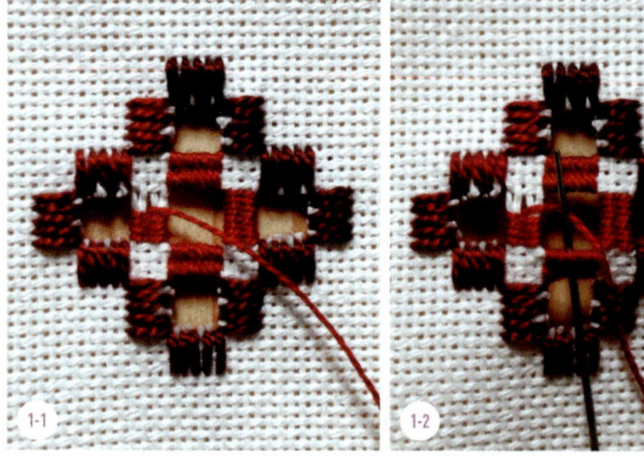

02. 시계방향으로 돌며 각 위븐 바의 가운데로 바늘을 집어넣고 빼냅니다. 실을 바늘 아래쪽에 두고 당겨줘야 하는 점을 잊지 마세요.

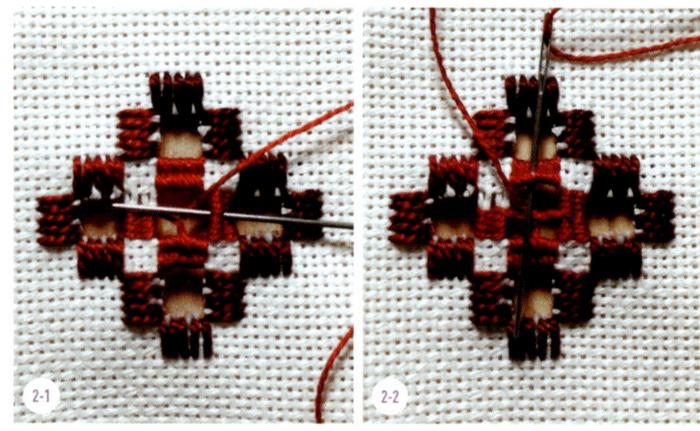

03. 한 바퀴를 돈 다음, 아직 다 감기지 않은 위븐 바로 돌아가 스티치를 완성해주세요.

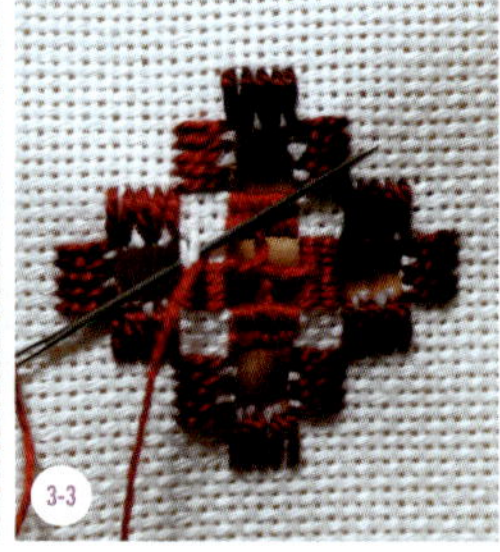

스퀘어 필렛 필링 스티치

Sqare Filet Filling stitch

위븐 바나 랩드 바로 만든 사각형 안에 작은 네모 문양을 채워넣는 스티치입니다. 여기에서는 위븐 바를 활용했습니다.

01. 원단에 걸려있는 4가닥의 실을 위븐 바로 교차해 4면 모두 감아주세요. 마지막으로 감아줄 때 상단 모서리 부분으로 바늘을 빼내어, 우측 아래쪽 모서리로 바늘을 집어넣습니다.

02. 다시 모서리 부분에서 바늘을 빼냅니다. 이때 실은 바늘 아래에 두고 바늘을 빼내어주세요.

03. 바늘을 ❷번 과정에서 만들어진 실 바깥에서 안쪽으로 걸어주세요. 처음 바늘을 빼냈던 구멍으로 바늘을 꽂아 넣고 원단 뒷면에서 실을 마무리합니다.

스트레이트 엣지

Straight edge

일정한 길이와 양의 새틴 스티치를 이어 붙여 네모 모양으로 테두리를 감싸는 방법입니다. 여기에서는 안에 위븐 바로 포인트를 준 버전으로 소개합니다.

01. 4칸 길이의 새틴 스티치를 13개 하여 네모 모양을 만들어줍니다. 각 모서리 끝부분의 실을 4칸씩 잘라준 후 위븐 바를 해주세요.

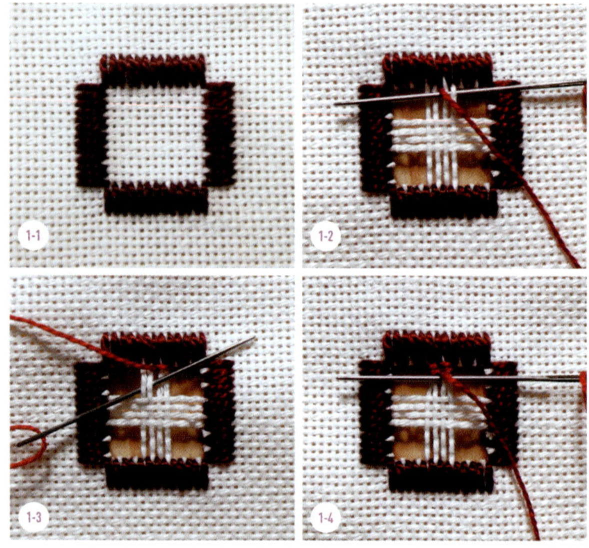

02. 각 기둥마다 위븐 바를 둘러주어 완성합니다.

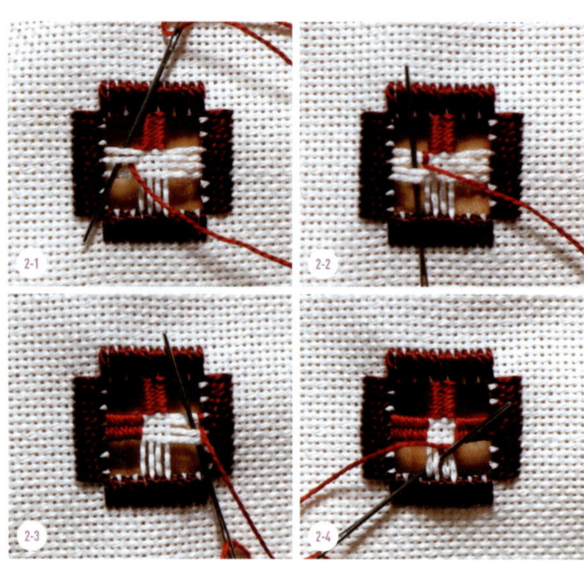

포 사이디드 스티치

Four-sided stitch

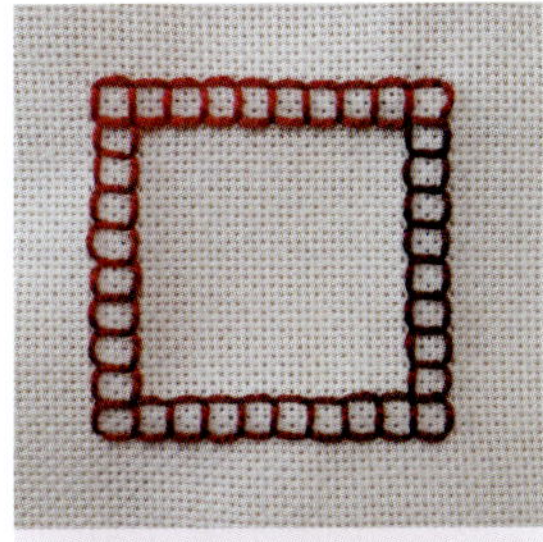

정사각형이 일렬로 쭉 늘어서 있는 모양을 만드는 스티치입니다.

01. 시작점에서 4칸 위 구멍에 바늘을 꽂은 뒤, 대각선 4칸 아래로 바늘을 빼내어줍니다. 오른쪽 4칸 옆 시작점으로 바늘을 꽂아 넣은 뒤 이번에는 대각선 4칸 위로 바늘을 빼냅니다.

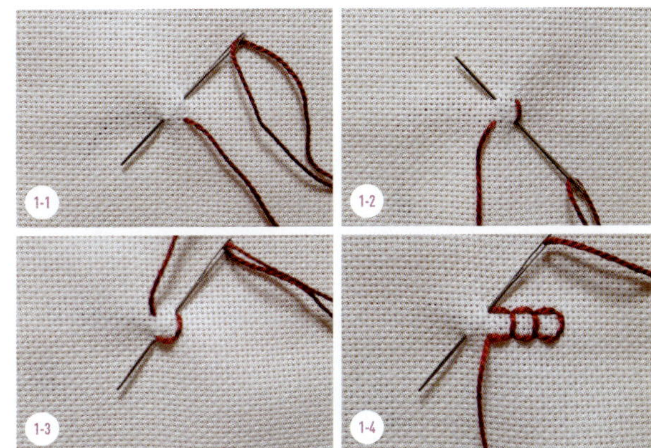

02. 아래쪽으로 네모 모양을 이어보겠습니다. 4칸 아래 구멍으로 바늘을 빼내어 4칸 위 구멍에 바늘을 집어넣고 오른쪽 아래 대각선으로 바늘을 빼주세요. 다시 4칸 위 구멍에 바늘을 집어넣고, 이번에는 왼쪽 아래 대각선으로 바늘을 빼냅니다.

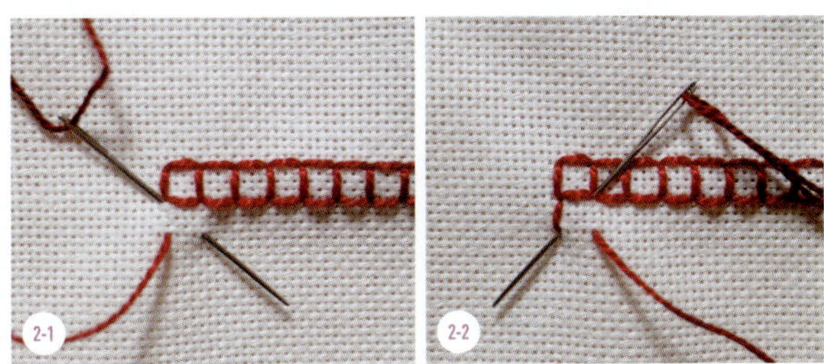

03. 같은 방식으로 네모 모양을 계속 이어줍니다.

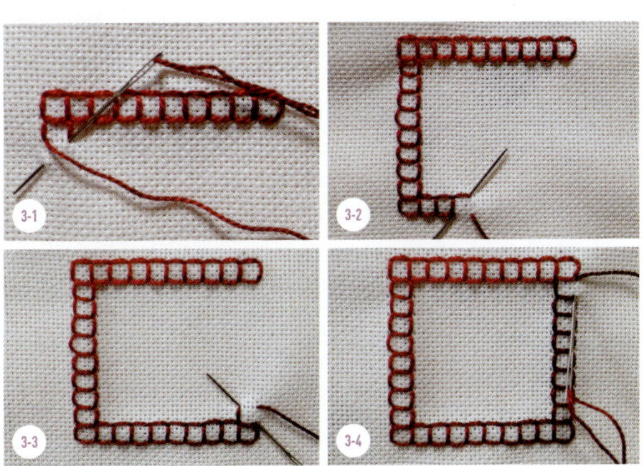

알제리안 아일렛 스티치

8가지 방향으로 뻗어나가
는 모양새가 마치 꽃 같은
스티치랍니다.

01.
바늘이 나온 곳에서 아래로 2칸, 왼쪽으로 2칸 움직여 바늘을 꽂아 넣습니다. 2칸 위에서 바늘 끝을 빼내어줍니다. 실이 나온 라인의 바로 2칸 아래에 바늘을 넣어주세요.

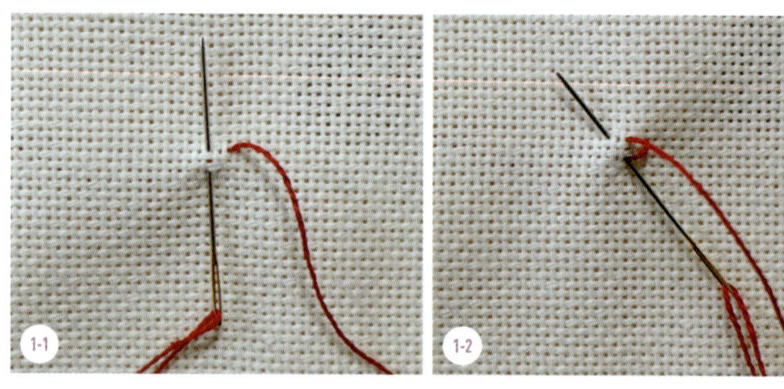

02.
❶과 같은 방식으로 이어나갑니다. 처음 바늘이 나온 구멍으로 바늘을 집어넣어가며 계속해서 연결해주세요.

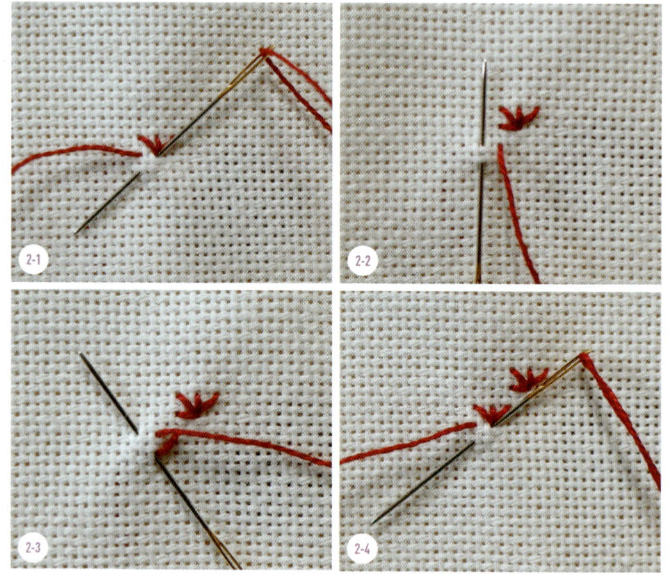

TIP

하나의 알제리안 아일렛 스티치를 만들 때에는 스티치로 주변을 빙 둘러가며 * 모양을 완성하면 되지만, 계속 이어지는 스티치는 4개씩 반만 이어가다 나머지 4개를 완성한 뒤 아래에서 위로 올라오며 마무리하는 것이 포인트입니다.

03. 이제 비어 있는 아랫부분을 채워주며 다시 올라갈 거예요. 방법은 같지만, 이번에는 바늘이 아래에서 나와 중심 구멍에 들어간다는 점에 주의하세요.

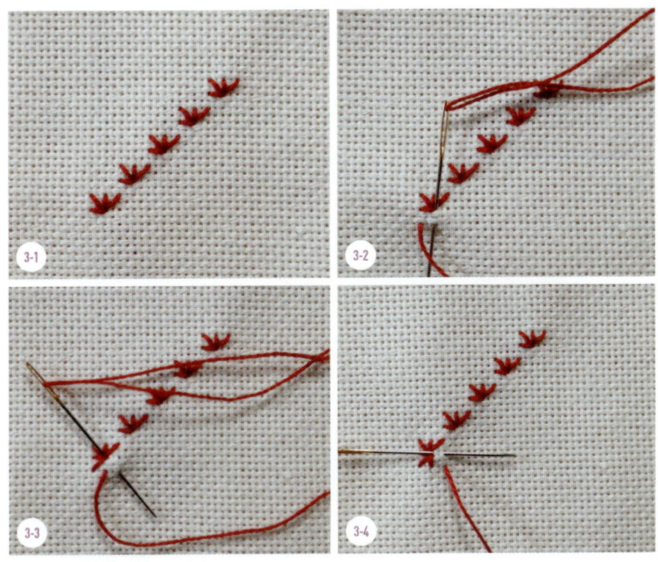

04. 한 줄의 알제리안 아일렛 스티치를 완성한 다음에는 오른쪽도 같은 방식을 면을 채워줍니다.

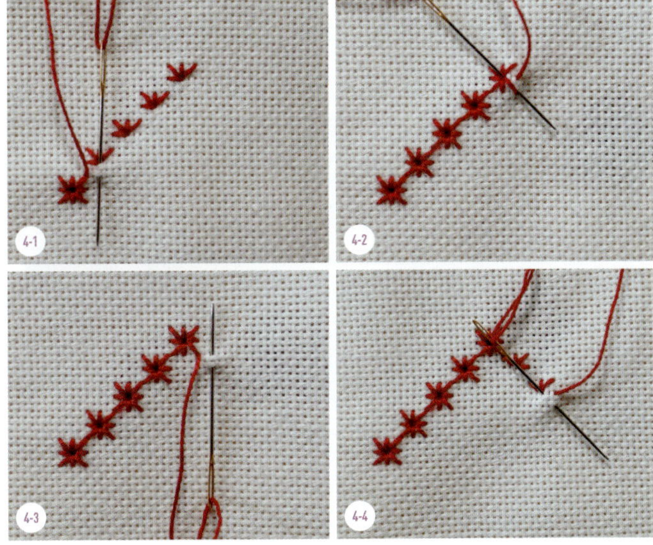

05. 4방향으로 연결되어 완성된 스티치입니다. 뒷면도 앞면과 비슷한 모양으로 나옵니다. 왼쪽 아래 모서리처럼 스티치에 실을 감아 마무리합니다.

아일렛 스티치

Eyelet Stitch

알제리안 아일렛 스티치와 같은 아일렛 스티치의 일종이지만 그보다 훨씬 더 밀도 있는 원형 스티치예요.

01. 좌측 모서리로 바늘을 빼내어 네모 칸의 중심에 꽂은 뒤, 처음 실을 빼 낸 구멍의 바로 옆 구멍으로 바늘을 빼주세요.

02. 중앙 칸을 중심으로 한 칸씩 간 격을 넓혀 가며 이미지처럼 수 놓아줍니다.

TIP

실을 세게 당길수록 가운데 구멍이 커지므로, 실을 적당히 당겨주어야 합니다.

03. 주변을 빈틈없이 둘러준 뒤, 마 지막 스티치에서 중앙으로 바늘 을 집어넣은 뒤 다음 칸의 좌측 모서리에서 빼냅니다.

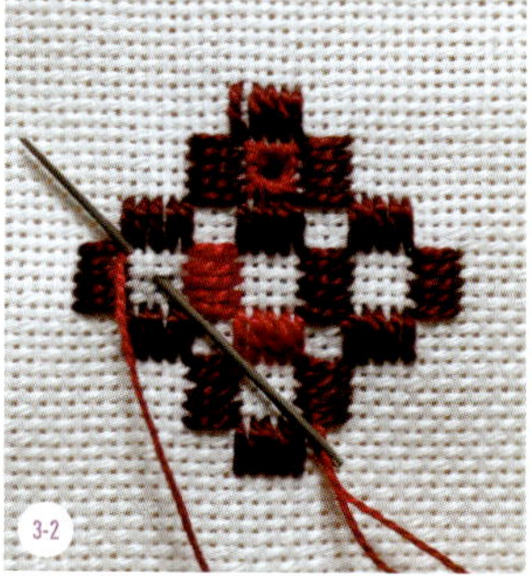

다이아그놀 트위스티드 바 앤드 피콧 넛트 필링

Diagonal Twisted Bars and Picot Knot Filling

01. 크레넬레이티드 엣지 기법으로 테두리를 만들어줍니다. 컷팅 후 위븐 바 위드 피콧을 참고해 기둥을 만들어줍니다.

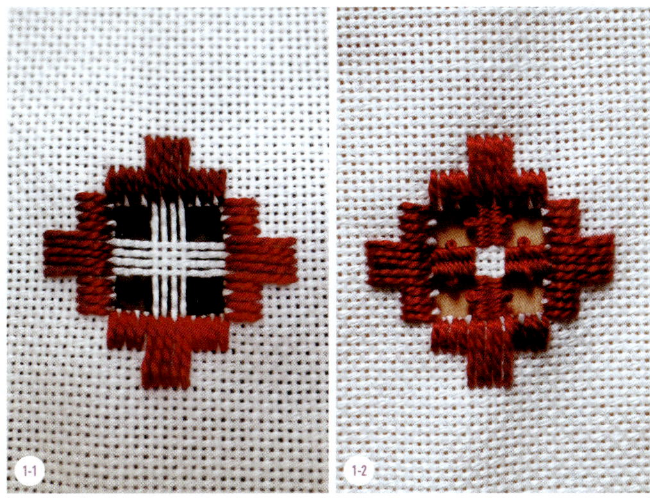

02. 트위스티드 바를 참고해 가운데를 기점으로 한 4줄의 기둥을 만든 뒤, 휘프트 스티치를 둘러 완성합니다.

립 휠 백 스티치 스파이더 웹

Ribbed wheel (Back stitched spider's web)

01. 랩드 바를 한 뒤, 바늘을 모서리에서 빼내어 가운데 구멍으로 집어넣습니다. 휘프트 스티치로 2번 감은 트위스티드 바를 만들어주세요.

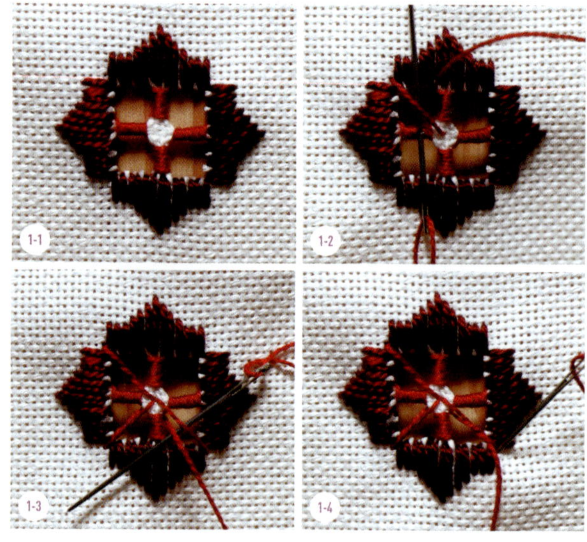

02. 마지막 바는 휘프트 스티치로 감지 않고 걸어서 기둥만 만들어줍니다. 총 8개 기둥의 위-아래로 실을 통과해가며 감아주세요.

03. 립 휠이 공간을 다 채우면, 휘프트 스티치를 감지 않은 바를 1번 감아주세요. 실이 나온 곳으로 바늘을 다시 집어넣어 마무리합니다.

레이스 버튼홀 엣지

Race Buttonhole edge

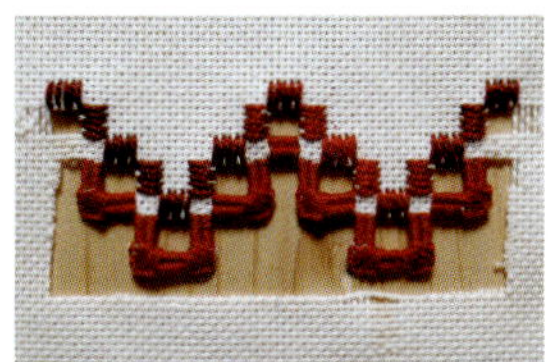

계단식 클로스터 블록의 올을 풀어 만드는 테두리 정리 방식입니다.

01. 사진 이미지를 참고하여 조심스럽게 컷팅해주세요. 실은 4줄씩, 격자 무늬가 되게 남겨줍니다. 올을 풀어주며 3개의 네모칸을 만든 뒤 원단을 정리합니다.

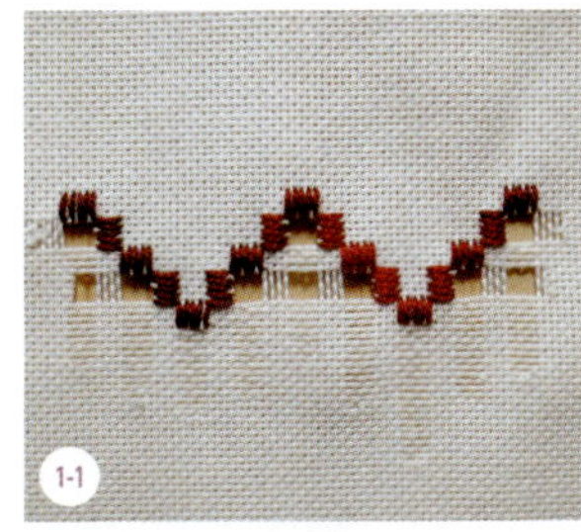

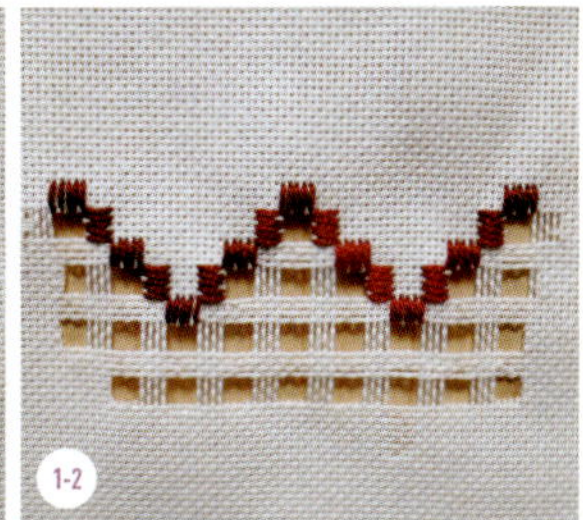

02. 4줄의 실을 위븐 바로 교차하며 감아줍니다. 네모칸의 우측 위로 바늘을 빼낸 뒤 버튼홀 스티치하여 코너를 만들어주세요.

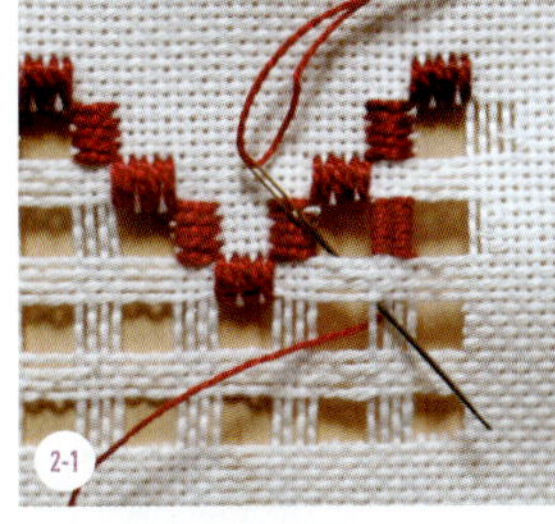

03. 원단을 뒤집어 버튼홀 뒷면에 실을 숨겨주세요. ❷의 과정을 반복해 원단을 채운 뒤 테두리를 잘라 마무리합니다.

블랭킷 스티치 플라워

새틴 피라미드 응용을 통해 클로스터 블록을 만든 뒤 안쪽을 화려하게 채워보겠습니다. 이전에 배운 스티치들을 다시 복습한다는 마음으로 모티브를 완성해보세요.

01. 2줄 랩드 바를 참고해서 2줄씩 감아줍니다. 정가운데 네모칸은 그릭 크로스 필링을 참고해서 감아줍니다.

02. 스퀘어 필렛 필링 스티치를 참고하여 가운데를 채워 완성합니다.

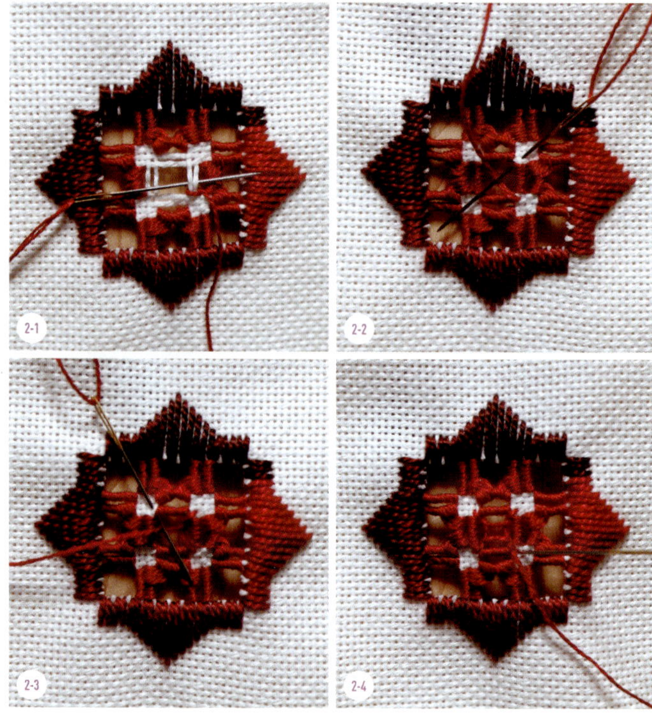

새틴 스티치

Satin Stitch

새틴 스티치는 모든 스티치의 기본이 되는 스티치로, 면을 채워 넣는 스티치를 총칭하는 단어입니다. 여기에서 소개되는 다양한 종류의 새틴 스티치들은 모두 원리가 같지만, 모서리를 뾰족하게 하거나 완만하게 하는 등의 변주에 따라 조금씩 모양이 다릅니다.

새틴 다이아몬드
Satin_Diamond

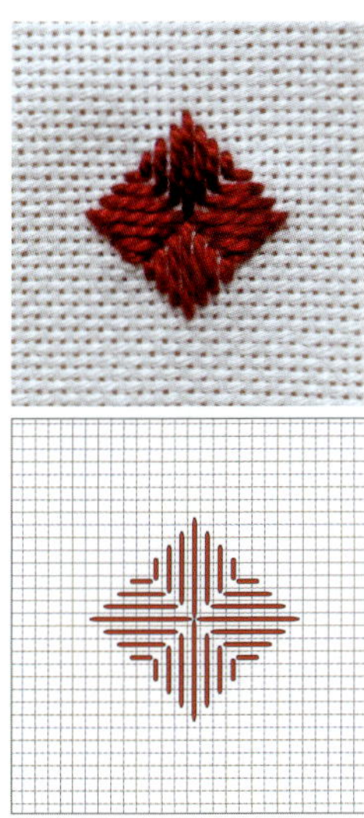

01. 실이 나온 곳에서 2칸 아래로 바늘을 찔러 넣습니다. 처음 실이 나온 구멍에서 사선으로 1칸 위의 구멍으로 바늘을 빼내어줍니다. 같은 방식으로 4번 스티치한 후, 5번째 스티치부터는 사선 1칸 아래의 구멍으로 바늘을 빼냅니다.

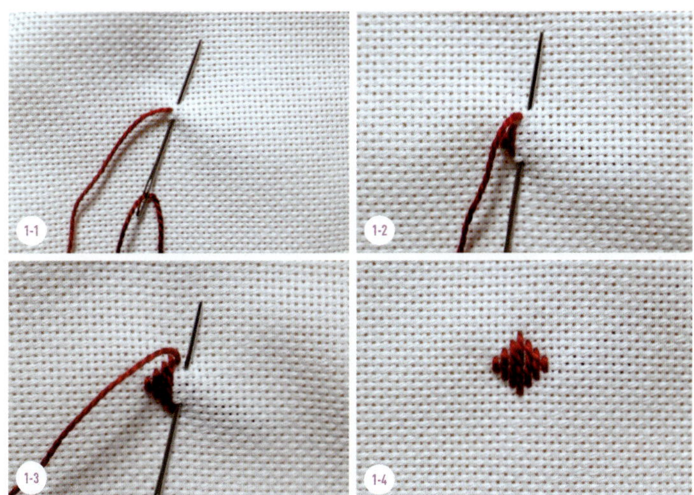

02. 마름모꼴 블록이 완성되면, 오른쪽으로 2칸 옆의 구멍으로 바늘을 빼내어줍니다. 각 방향마다 1번 과정을 반복하며 마름모꼴 블록을 채워줍니다.

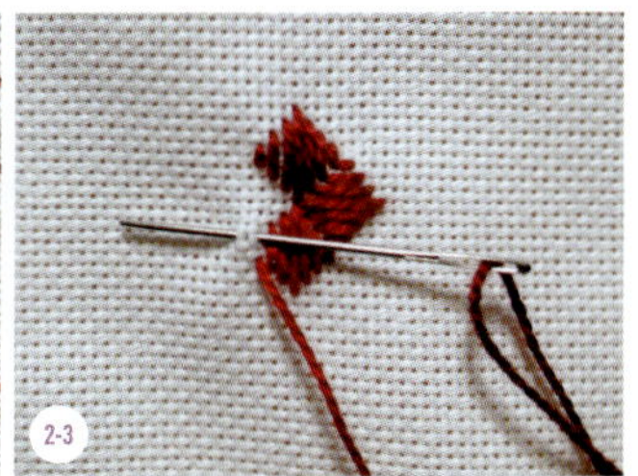

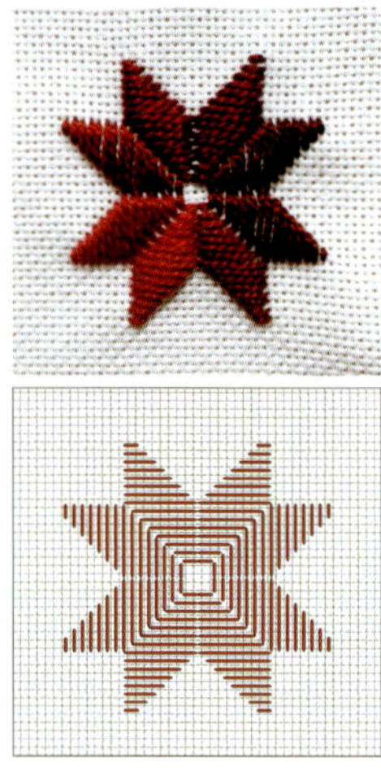

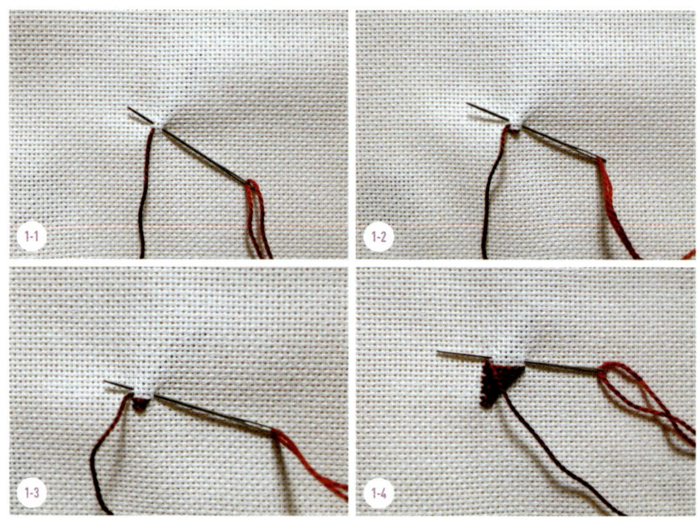

01. 실이 나온 곳에서 오른쪽으로 2칸 떨어진 구멍으로 바늘을 집어넣습니다. 왼쪽으로 2칸, 위로 1칸 떨어진 구멍으로 바늘을 빼냅니다. 오른쪽으로 1칸씩 카운트를 늘려가며 스티치를 8개 합니다. 가장 넓은 변 스티치는 9칸을 가지게 됩니다.

02. 9번째 스티치부터는 사선으로 1칸씩 줄여가며 스티치합니다. 이때, 이번에는 왼쪽 라인에서 한 칸씩 줄여가며 스티치합니다. ❶과 마찬가지로 스티치합니다. 마지막 가장 좁은 변 스티치는 2칸을 가지게 됩니다.

03. 다이아몬드 하나가 완성되면, 다이아몬드의 가장 아랫변 스티치에서 왼쪽으로 2칸 떨어진 구멍에서 바늘을 빼냅니다. ❶~❸의 과정을 반복합니다.

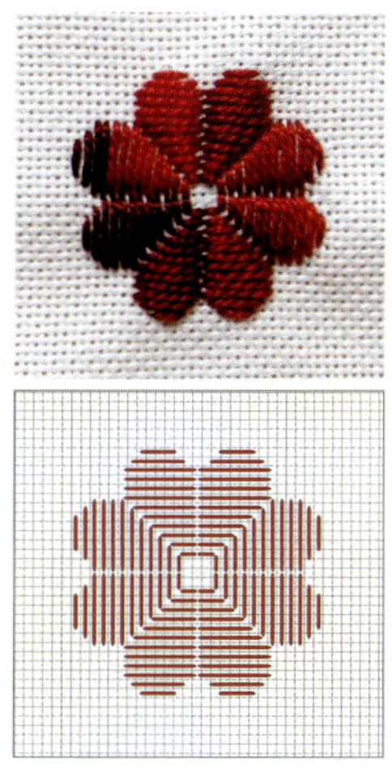

새틴 플라워 1
Satin_Flower 1

01. 실이 나온 곳에서 오른쪽으로 2칸 떨어진 구멍에 바늘을 넣어주세요. 대각선 1칸 위 구멍으로 바늘을 빼냅니다. 오른쪽으로 1칸씩 늘리다가, 스티치가 8칸이 되면 같은 길이의 스티치를 3번 더 반복해주세요. 각 스티치의 칸 수는 도안을 참고해주세요.

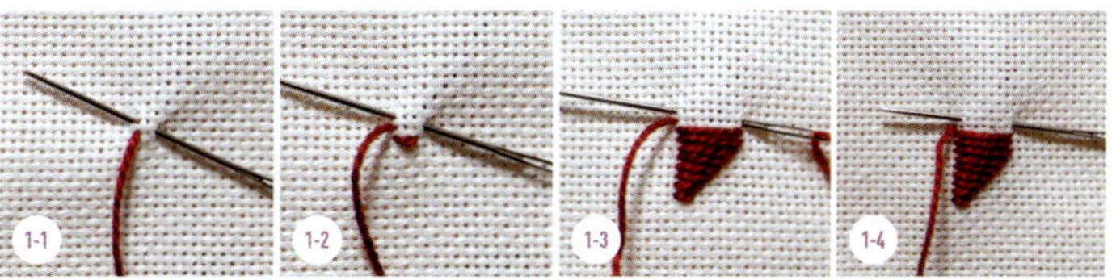

02. 이번에는 양쪽 한 칸씩 안으로 수를 줄여 6칸짜리 스티치를 합니다. 그 다음에는 4칸짜리 스티치를 하면 꽃잎 하나가 완성됩니다. 가장 아랫변 스티치에서 왼쪽으로 2칸 떨어진 구멍에서 바늘을 빼냅니다. ❶~❷ 과정을 반복합니다.

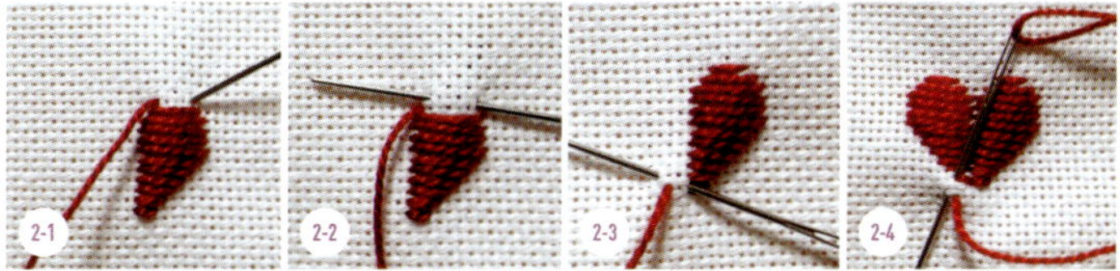

새틴 플라워 2
Satin_Flower 2

01. 2칸짜리 스티치로 시작합니다. 양쪽으로 1칸씩 늘리며 스티치하다가, 10칸이 되면 2번 더 반복합니다. 각 스티치의 칸 수는 도안을 참고해주세요.

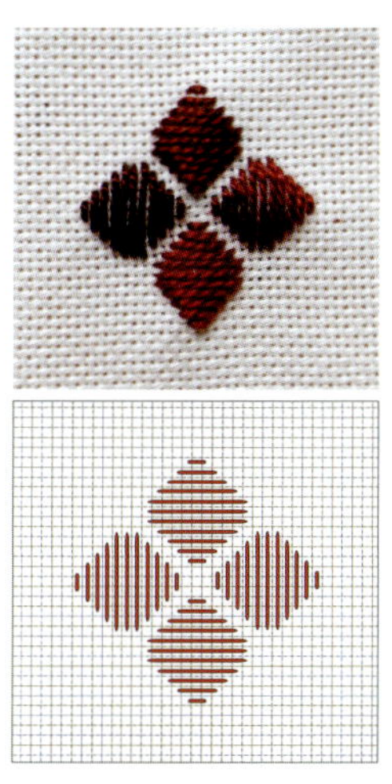

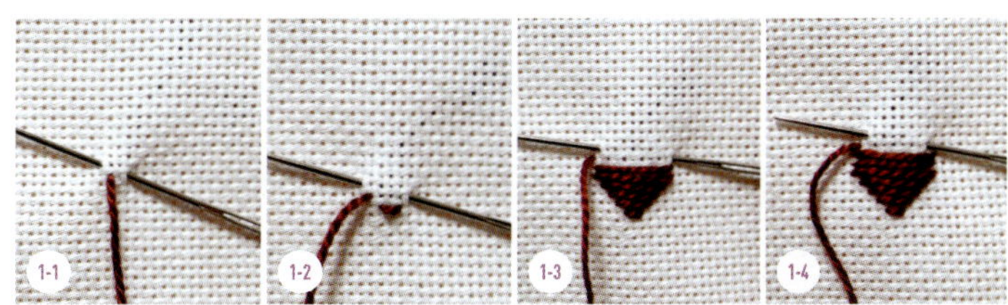

02. 10칸 스티치를 3번 반복한 뒤에는 다시 2칸씩 칸 수를 줄여갑니다. 가운데가 둥그스름한 다이아몬드 블록이 완성됩니다. 가장 아랫변 스티치에서 오른쪽으로 1칸, 위쪽으로 1칸 떨어진 구멍에서 바늘을 빼낸 뒤 과정을 반복합니다.

새틴 플라워 3
Satin_Flower 3

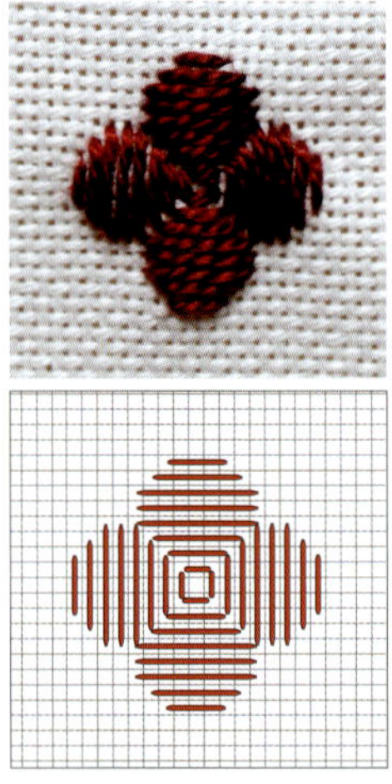

01. 2칸 스티치로 시작합니다. 양쪽으로 한 칸씩 늘려 가며 스티치를 쌓아올리다가 8칸이 되면 2번 더 반복합니다.

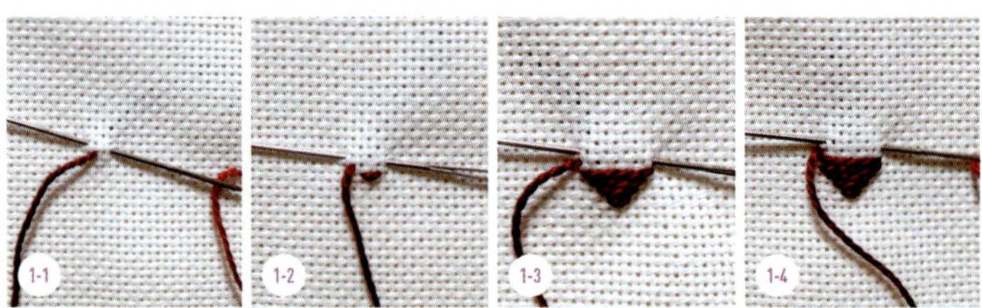

02. 8칸 스티치를 3번 반복한 뒤에는 양쪽으로 한 칸씩 줄여가며 두 번 스티치합니다. 4칸짜리 스티치가 마지막으로, 가장 아랫변 스티치에서 왼쪽으로 2칸 떨어진 구멍에서 바늘을 빼낸 뒤 과정을 반복합니다.

새틴 플라워 4
Satin_Flower 4

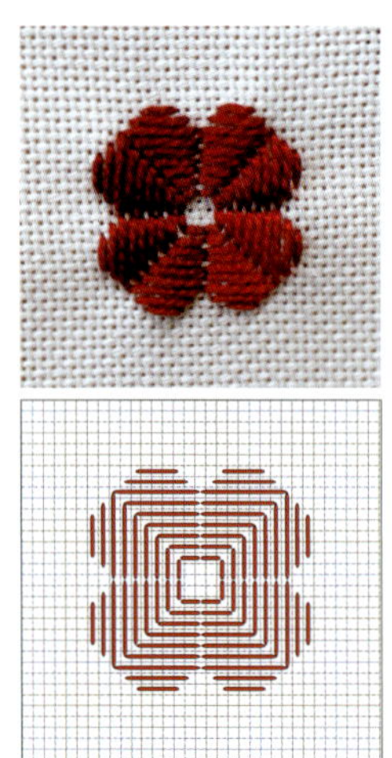

01. 2칸 스티치로 시작합니다. 왼쪽 라인은 그대로, 오른쪽으로만 한 칸씩 늘려가며 8칸이 될 때까지 스티치를 쌓아줍니다.

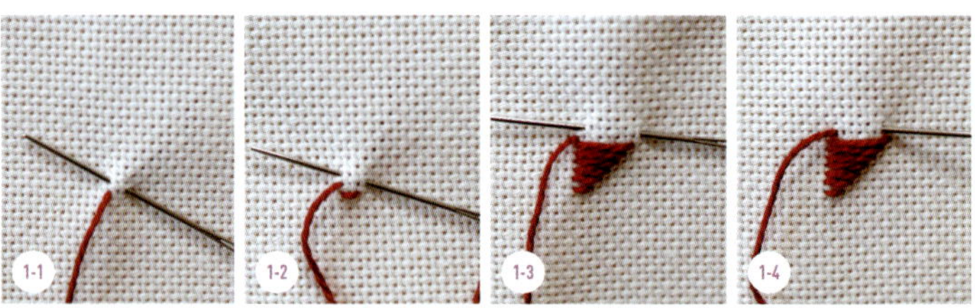

02. 8칸짜리 스티치를 놓은 뒤에는 양쪽으로 한 칸씩 줄여가며 두 번 스티치합니다. 가장 아랫변 스티치에서 왼쪽으로 2칸 떨어진 구멍에서 바늘을 빼냅니다. ❶의 과정을 반복하되, 이번에는 왼쪽으로 한 칸씩 늘려나갑니다.

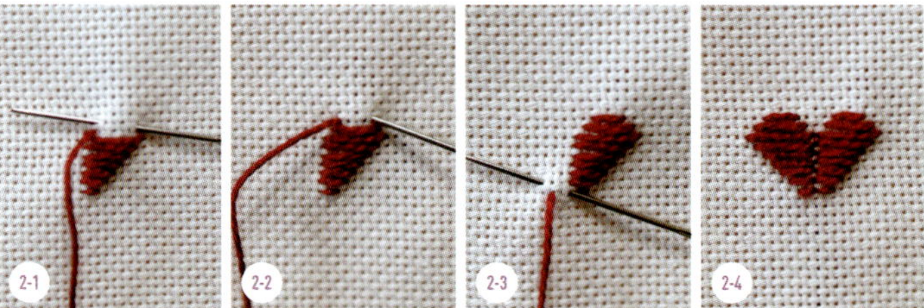

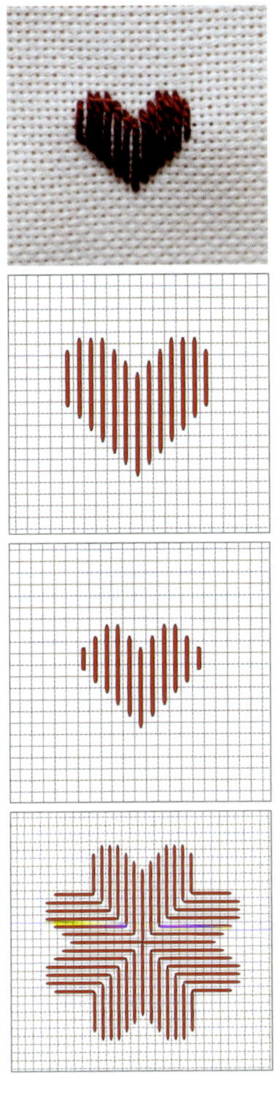

새틴 하트
Satin_Hearts

01. 아래에서 5칸 위 구멍으로 바늘을 꽂습니다. 대각선으로 한 칸 아래로 바늘을 빼낸 뒤, 7칸 위 구멍으로 바늘을 꽂습니다. 대각선 한 칸 아래로 바늘을 빼낸 뒤, 8칸 위 구멍으로 바늘을 꽂습니다. 9칸이 되면 6번 반복하며 면을 채워갑니다.

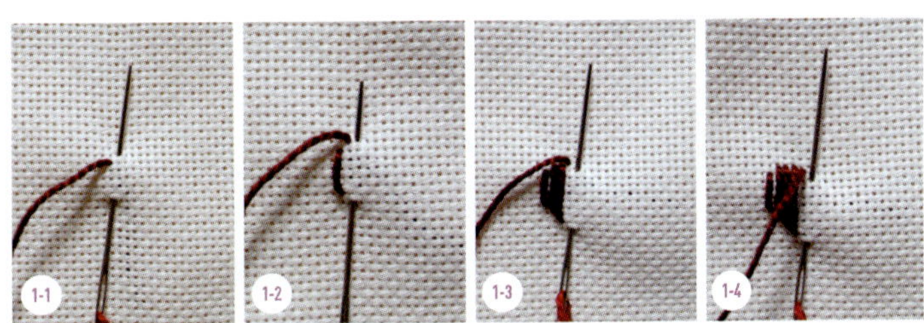

02. 9칸 스티치를 총 7개 한 후에는 1과 같은 방식으로 칸을 줄여가며 2번 더 스티치합니다. ❶~❷의 과정을 반복하며 나머지 하트 반쪽도 완성합니다.

03. 큰 하트가 완성되었습니다. 더 작은 하트를 만들고 싶다면 스티치의 칸 수를 두 칸씩 줄입니다.

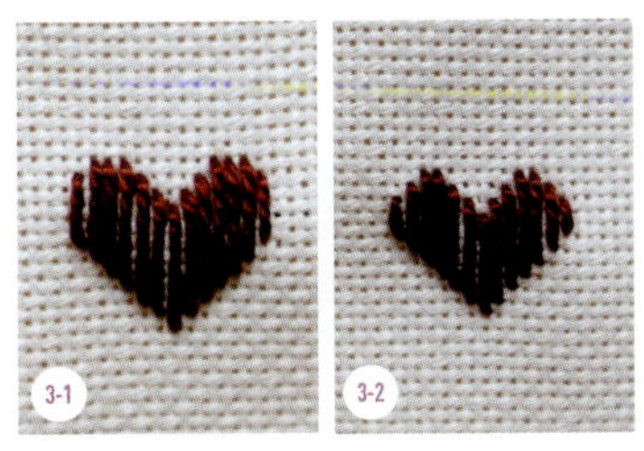

04. 하트를 이어붙이면 하트꽃을 만들 수 있습니다.

새틴 클로스터 블록 1
Satin_kloster blocks 1

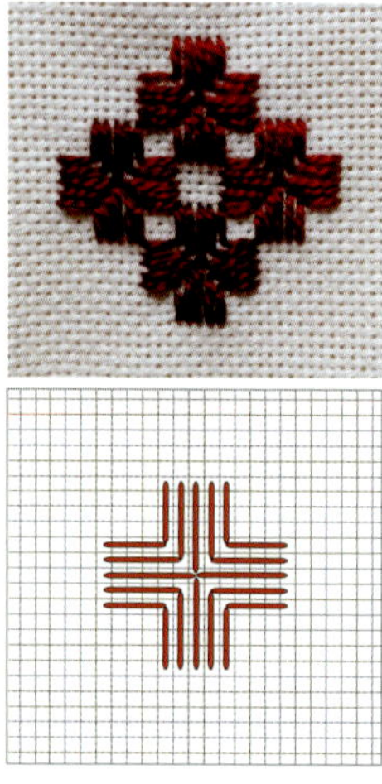

01. 위에서 4칸 아래로 스티치합니다. 처음 실이 나온 구멍과 같은 라인의 구멍으로 바늘을 빼내어, 5칸 아래로 바늘을 꽂습니다. 도안을 참고하여 모양을 만들어줍니다. 블록이 완성되면 바늘을 꽂은 곳에서 오른쪽 4칸 옆의 구멍으로 바늘을 빼내어 1번 과정을 반복합니다.

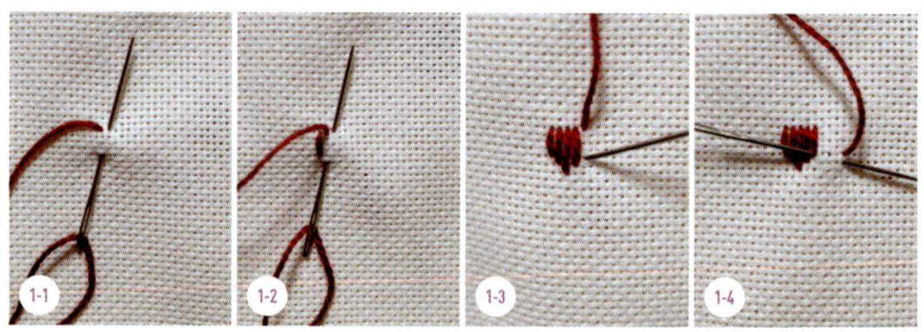

02. 4개 방향으로 블록을 완성합니다. ❶~❷의 과정을 4번 반복하여 완성합니다.

새틴 클로스터 블록 2
Satin_kloster blocks 2

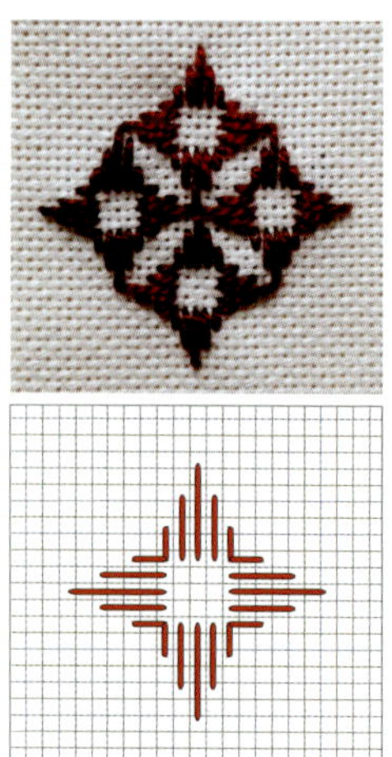

01. 아래에서 2칸 위로 스티치합니다. 처음 실이 나온 구멍과 같은 라인의 구멍으로 바늘을 빼내어, 4칸 위로 꽂습니다. 도안을 참고하여 모양을 만들어줍니다. 블록이 완성되면 바늘을 꽂은 구멍에서 오른쪽으로 2칸 옆 구멍으로 바늘을 빼내어 블록을 이어갑니다.

02. 나머지 3개 면도 블록으로 채워줍니다. ❶~❷의 과정을 4번 반복하여 완성합니다.

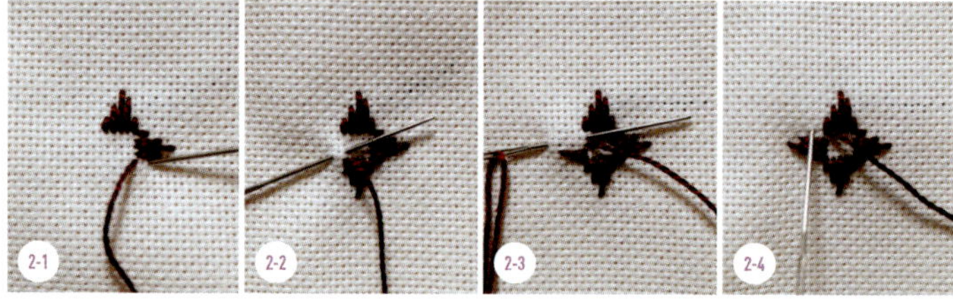

새틴 클로스터 블록 3
Satin_kloster blocks 3

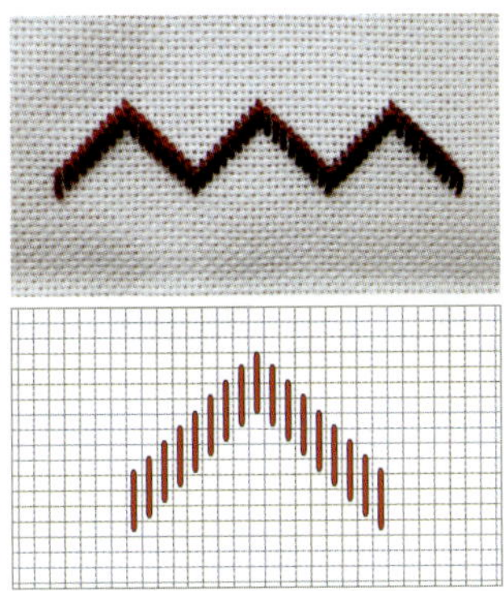

위에서 4칸 아래로 스티치합니다. 처음 실이 나온 곳의 대각선 1칸 위 구멍으로 바늘을 빼내어, 4칸 아래 구멍에 꽂습니다. 8번 더 반복하여 사선으로 올라가는 총 10개의 스티치를 완성한 뒤, 대각선 1칸씩 아래로 내려옵니다. 원하는 만큼 반복하여 완성합니다.

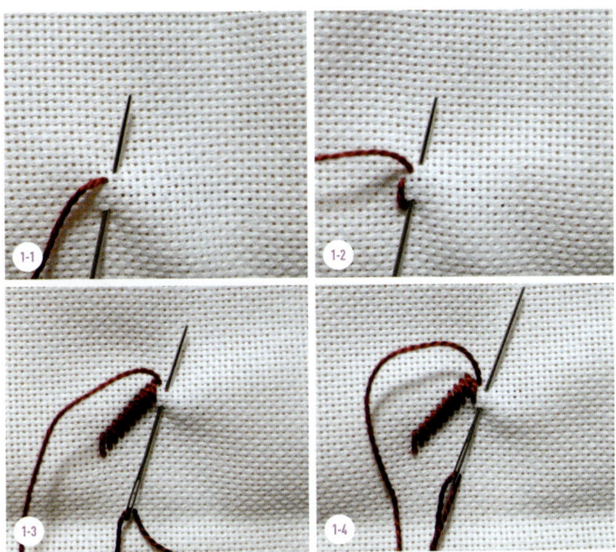

새틴 클로스터 블록 4
Satin_kloster blocks 4

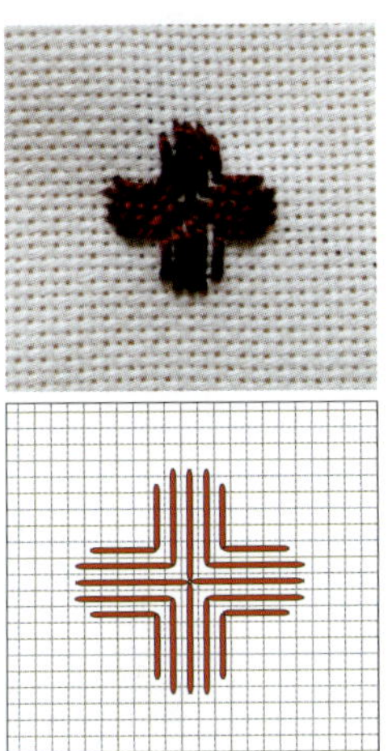

위에서 4칸 아래로 스티치합니다. 대각선 1칸 위로 바늘을 꽂고, 6칸 아래에 스티치합니다. 위아래로 한 칸씩 늘려가며 5개 스티치합니다. 블록을 완성한 뒤에는 바늘을 꽂은 곳에서 오른쪽으로 4칸 옆의 구멍으로 바늘을 빼내어 1번 과정을 반복합니다. 4개 블록을 만들어 완성합니다.

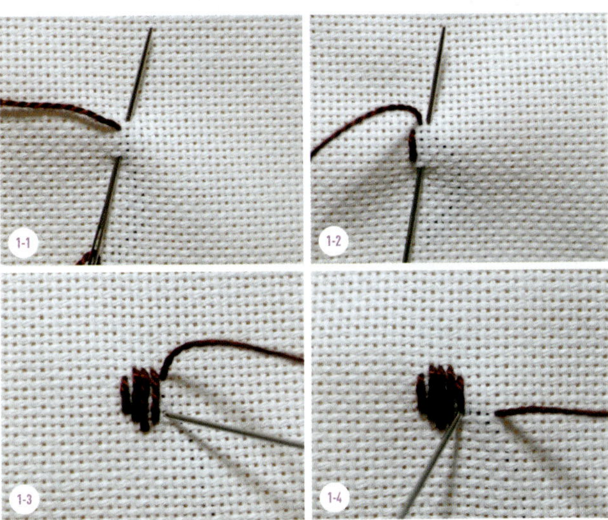

새틴 노르위젠 스타
Satin_Norwegian star

8칸 스티치가 총 13번 반복됩니다. 아래에서 위로 스티치하며, 오른쪽 아래 대각선으로 8칸 스티치를 7번 반복한 뒤 다시 1칸씩 위로 올라가며 스티치합니다. 4면 모두 둘러줍니다.

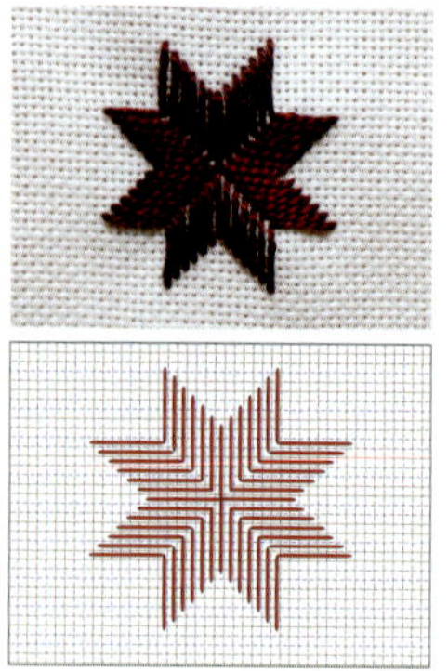

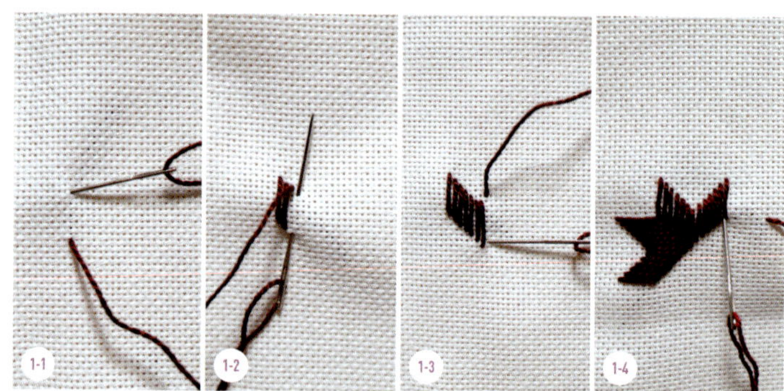

새틴 튤립 모티브
Satin_Tulip motif

01. 왼쪽에서 2칸 오른쪽 옆의 구멍으로 바늘을 넣고 왼쪽 대각선 1칸 위의 구멍으로 빼냅니다. 왼쪽은 균일하게, 오른쪽으로 1칸씩 늘려갑니다. 스티치가 8칸이 되면 이번에는 오른쪽을 균일하게, 왼쪽으로 1칸씩 줄여가며 2칸이 될 때까지 스티치합니다.

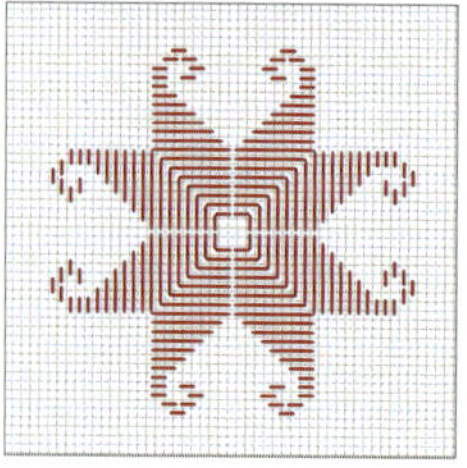

02. 모양이 완성되면 2칸 스티치를 활용해 끝이 말린 모양을 만들어줍니다. 도안을 참고하여 만들어주세요. 블록이 완성되면 시작점의 2칸 옆에서 다시 이어나갑니다. 8개 블록이 모이면 튤립 모양이 완성됩니다.

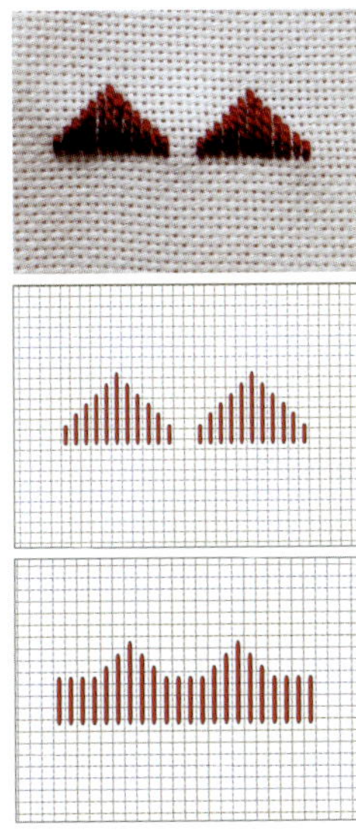

01.

위에서 2칸 아래로 스티치합니다. 아래 라인은 일정하게 유지하면서 위로 한 칸씩 늘려가며 스티치합니다.

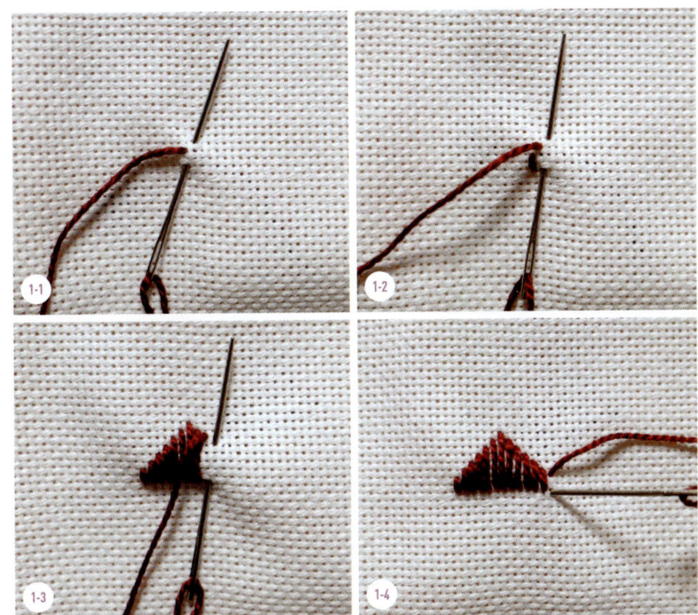

02.

이 스티치도 아래 라인은 일정하게 유지됩니다. 위에서 4칸 아래로 4번 스티치합니다. 1칸씩 위로 늘려가며 3번 스티치한 뒤 다시 한 칸씩 줄여가며 스티치합니다. 각 스티치의 칸 수는 도안을 참고하세요.

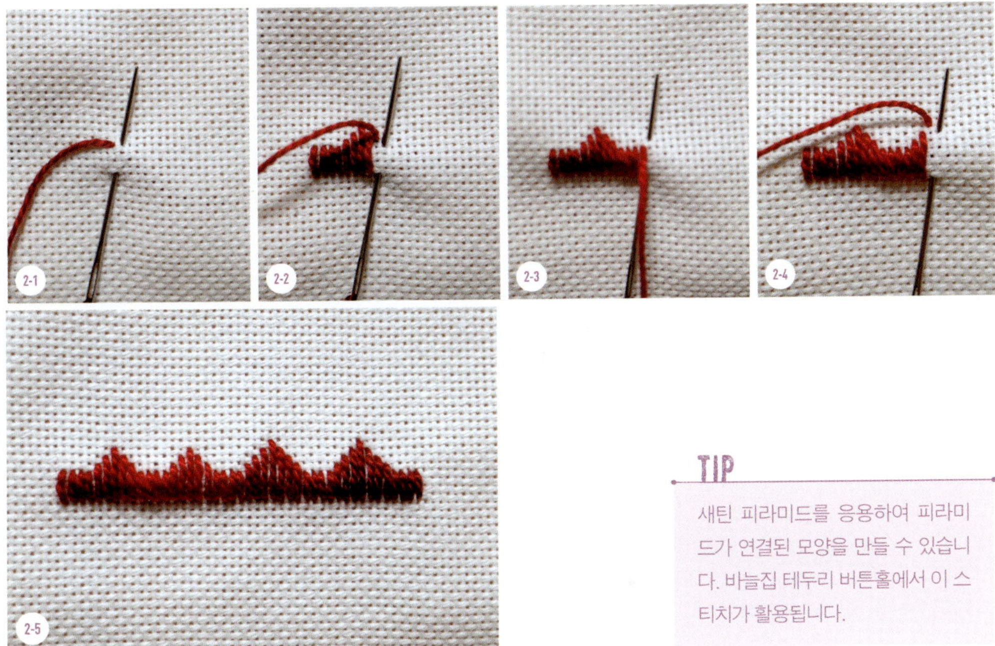

TIP

새틴 피라미드를 응용하여 피라미드가 연결된 모양을 만들 수 있습니다. 바늘집 테두리 버튼홀에서 이 스티치가 활용됩니다.

하덴거
도일리

Hardanger
Doily

CHAPTER 3

하덴거 · 도일리 01

민트 스타 도일리

재료 및 도구

- 원단 20ct Bellana - Antique white
- 실   house of embroidery(h of e)
       #5-36번, #8-73번 각 1묶음
- 바늘 20호, 22호

치수

- 원단 22×22cm
- 완성 18.5×19cm

사용된 스티치

- 클로스터 블록-(#5) 021p
- 새틴 스타-(#5) 053p
- 더블 케이블 스티치-(#8) 035p
- 버튼홀 스티치-(#8) 022p
- 컷팅 리무빙 트레드 024p
- 트위스티드 바-(#8) 025p

01. 클로스터 블록 021p 을 마름모꼴로 수
놓아 테두리를 만들어줍니다. 마름
모꼴의 안에 새틴 스타로 포인트를
줍니다.

02. 호라이즌 더블 케이블 스티치 035p 로
안쪽에 디테일을 만들어준 뒤, 전체
테두리를 버튼홀 022p 로 둘러줍니다.
새틴 스타로 만들어준 안쪽 네모 모
양을 컷팅해주세요.

03. 랩드 바와 트위스티드 바 025p 로 컷
팅한 내부를 채워주세요.
모든 스티치가 완성되면 전체 테두리
를 잘라내어 완성합니다.

핑크 하트 도일리

Pink Heart Doily

재료 및 도구

- 원단 20ct Bellana Ash Rose
- 실   Anchor #5-894번 1묶음, #8-896번-1ball
- 바늘 20호, 22호

치수

- 원단 25×25cm
- 완성 19×21cm

사용된 스티치

- 버튼홀 스티치-[#5] 022p
- 클로스터 블록-[#5] 021p
- 작은 새틴 하트-[#5] 057p
- 컷팅 리무빙 트레드 024p
- 스퀘어 필렛 필링 스티치-[#8] 043p
- 스파이더 웹 스티치-[#8] 029p
- 컷팅 트레드 인 스몰 스퀘어 024p

01.

버튼홀 스티치로 테두리를 먼저 둘러준 후, 클로스터 블록으로 4개의 하트를 만들어줍니다. 클로스터 블록으로 만든 하트를 제외한 나머지 3개 모서리에 새틴 하트 `057p` 를 수놓아줍니다.

02.

상단과 좌측의 하트를 컷팅해줍니다. 왼쪽 하트는 랩드 바 `027p` 를 한 뒤 스퀘어 필렛 필링 스티치 `043p` 로 내부를 채워주세요.

03.

상단의 하트는 위븐 바 `031p` 로 감싸준 뒤 스파이더 웹 스티치 `029p` 로 포인트를 줍니다. 나머지 두 개의 하트는 컷팅 트레드 인 스몰 스퀘어 `024p` 를 해줍니다. 전체 테두리를 컷팅해 핑크 하트 도일리를 완성합니다.

화이트 도일리

White Doily

재료 및 도구

- 원단 20ct Bellana white
- 실   DMC #5-B5200번 1묶음, #8-
       B5200 1ball
- 바늘 20호, 22호

치수

- 원단 22×22cm
- 완성 18.5×19cm

사용된 스티치

- 클로스터 블록-(#5) 021p
- 새틴 피라미드-(#5) 061p
- 버튼홀 스티치-(#5) 022p
- 아일렛 스티치-(#8) 048p
- 컷팅 리무빙 트레드 024p
- 그릭 크로스 필링-(#8) 038p

01.

마름모 모양으로 클로스터 블록 021p 을 완성한 후 내부를 새틴 피라미드로 채워주세요.
테두리에 버튼홀 스티치 022p 를 둘러준 후 테두리와 클로스터 블록 사이의 사각형을 아일렛 스티치 048p 로 채
워줍니다. 새틴 피라미드의 모서리를 4칸씩 컷팅해주세요.

02.

컷팅된 공간들을 그릭 크로스 필링
038p 으로 채워주세요. 전체 테두리
를 컷팅하여 완성합니다.

그린 베이지 도일리

재료 및 도구

- 원단 25ct Lugana Moss green
- 실   DMC #8-Ecru 1ball,
        #12-Ecru 1ball
- 바늘 22호, 24호

치수

- 원단 30×30cm
- 완성 21×21.5cm

사용된 스티치

- 클로스터 블록-(#8) 021p
- 버튼홀 스티치-(#8) 022p
- 아일렛 스티치-(#12) 048p
- 새틴 에잇 포인티드 스타-(#8) 054p
- 새틴 튤립 모티브-(#8) 060p
- 컷팅 리무빙 트레드 024p
- 스퀘어 필렛 필링 스티치-(#12) 043p
- 룹 스티치-(#12) 042p
- 위븐 바 위드 피콧-(#12) 032p
- 스파이더 웹 스티치-(#12) 029p

TIP

중심점에서 2칸 위에서부터 무늬 시작

01. 클로스터 블록 `021p` 으로 내부를 먼저 채워준 뒤 버튼홀 스티치 `022p` 로 테두리를 둘러줍니다.

02. 좌우의 모서리는 새틴 에잇 포인티드 스타 `054p` 로, 상하는 새틴 튤립 모티브 `060p` 로 채워준 뒤 컷팅합니다.

03. 컷팅한 사각형들은 전부 위븐 바 `031p` 로 감아주고, 조금씩 디테일을 다르게 잡아볼 거예요. 상단 사각형 중 왼쪽에 위븐 바 위드 피콧 `032p` 를 합니다.

04.

왼쪽은 피콧이 안으로 오도록, 오른
쪽은 피콧이 바깥쪽으로 오도록 만들
었습니다. 중앙의 사각형은 위븐 바
위드 스파이더 웹 스티치 029p 를, 좌
측 하단 사각형은 룹 스티치 042p 를,
우측 하단 사각형은 스퀘어 필렛 필
링 스티치 043p 를 하여 각기 포인트
를 주었습니다. 전체 스티치가 완성
되면 테두리를 컷팅합니다.

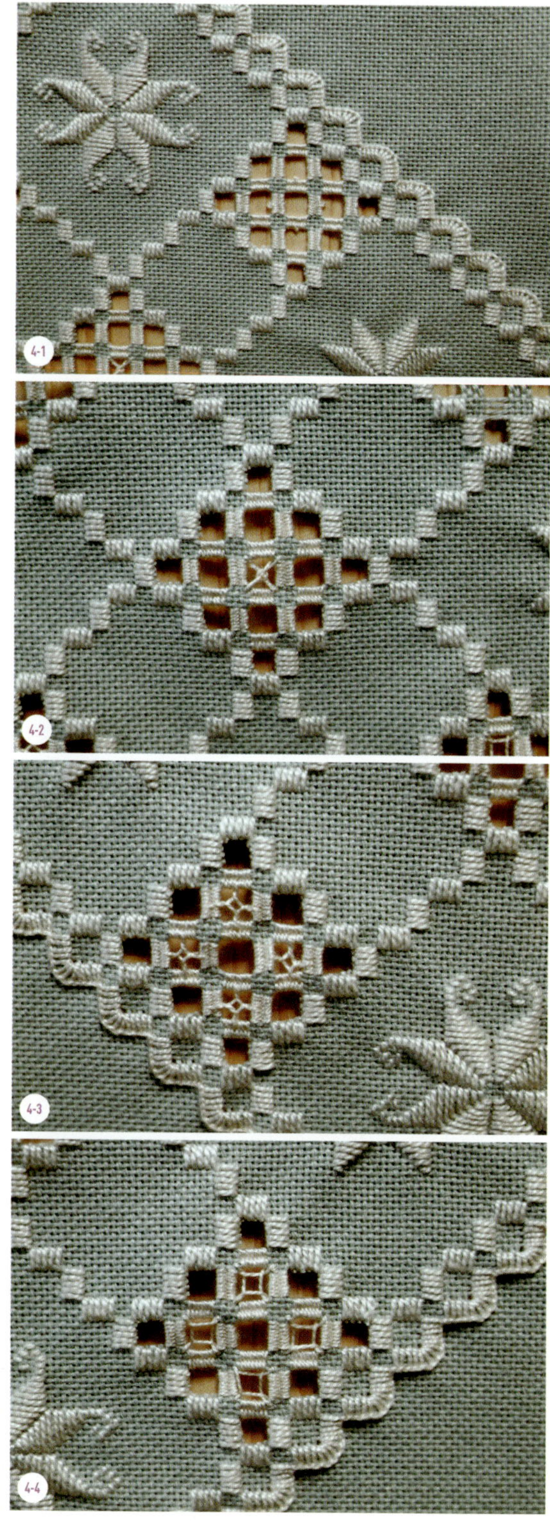

하덴거
소품들

Hardanger
Goods

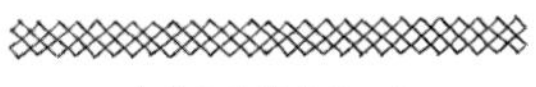

CHAPTER 4

하덴거 · 소품들 01 - 1

민트색 바늘집

Mint Color Needle Case

재료 및 도구

- 원단 20ct Bellana Antique white
- 실 DMC #5-503번 1묶음, #8-503번 1ball
- 바늘 20호, 22호

치수

- 원단 33×20cm 속지 원단 별도
- 완성 12.5×11cm

사용된 스티치

- 클로스터 블록-(#5) 021p
- 버튼홀 스티치-(#5) 022p
- 아일렛 스티치-(#8) 048p
- 컷팅 리무빙 트레드 024p
- 컷팅 트레드 인 스몰 스퀘어 024p
- 룹 스티치-(#8) 042p
- 스퀘어 필렛 필링-(#8) 043p
- 위븐 바 위드 피콧-(#8) 032p

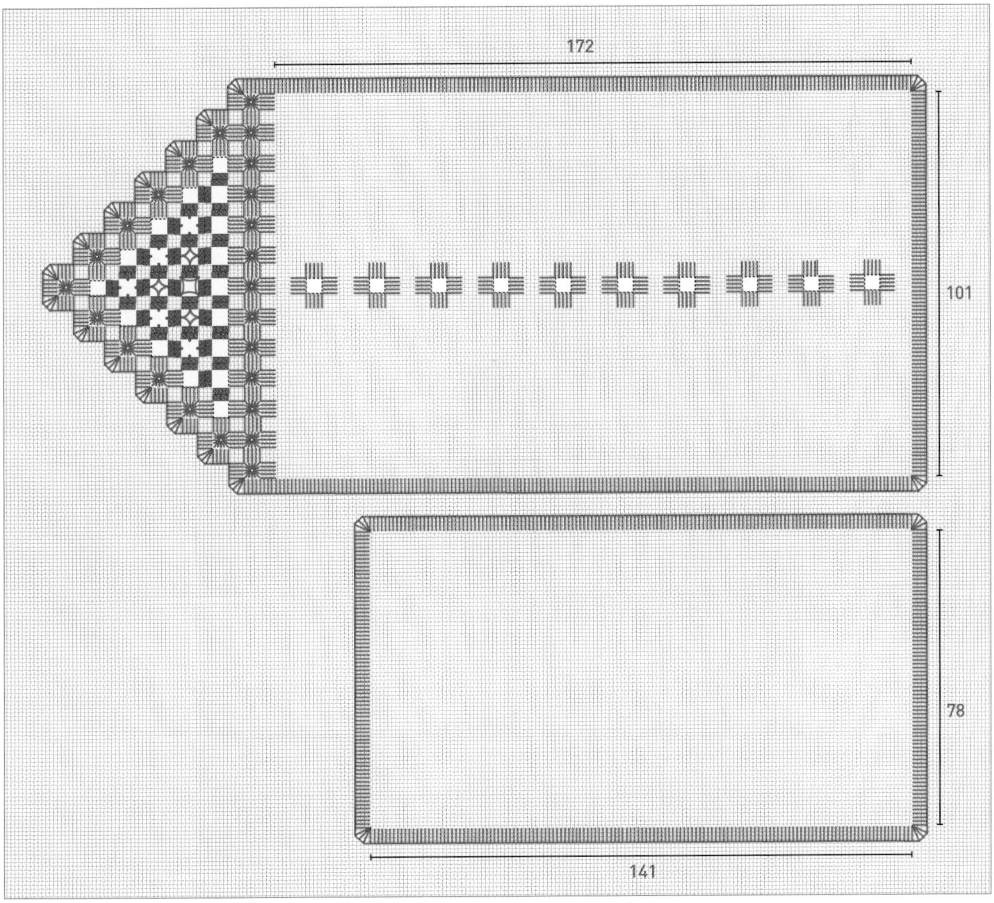

01. 클로스터 블록으로 덮개가 될 삼각형 모양을 만들어주세요. 좀 더 옅은 색 실을 사용해 내부 클로스터 블록들도 채워준 뒤 버튼홀 스티치로 테두리를 둘러주세요. 이때 속지 원단의 버튼홀 스티치도 만들어주세요.

TIP

바늘집 속 안감을 포함해서 시접은 최대한 넉넉하게 남겨주세요.

02. 덮개 테두리 부분은 아일렛 스티치 `048p` 로 채워주시고, 덮개 부분과 몸통의 클로스터 블록은 컷팅해주세요.

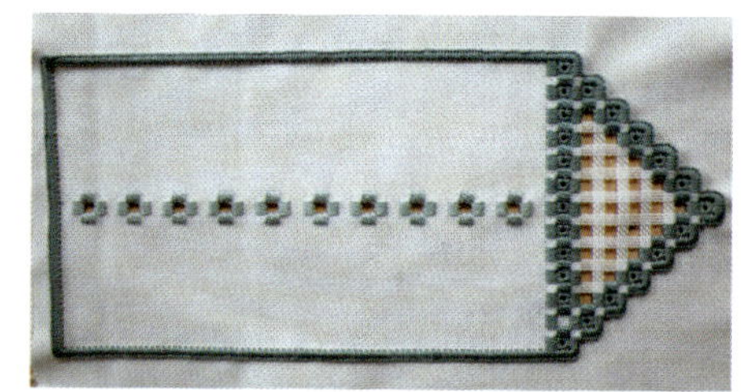

03. 위븐 바 위드 피콧 `032p` , 스퀘어 필렛 필링 `043p` 스티치를 한 뒤 룹 스티치까지 완성합니다. 덮개 부분 원단은 잘라주세요.

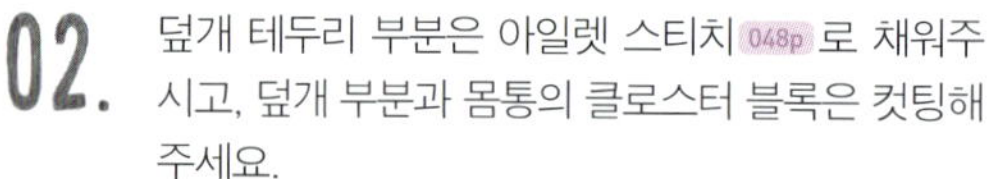

3-1

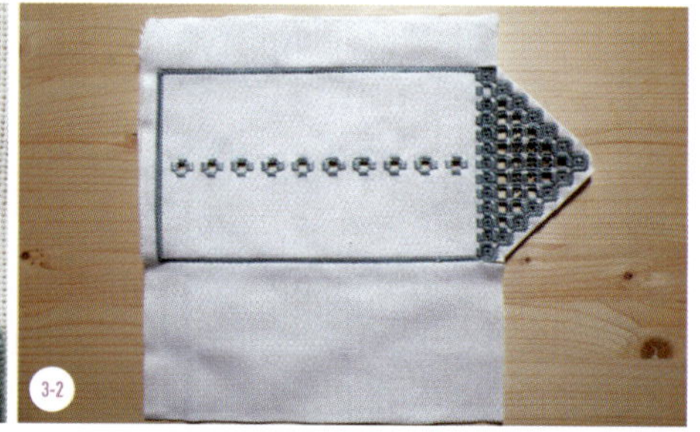
3-2

04. 사각형 버튼홀 스티치 부분의, 시침핀이 꽂혀 있는 직사각형으로 남은 시접원단으로 안감을 정리합니다. 이때는 일반 퀼팅실을 사용하여 공그르기로 시접원단을 깨끗하게 정리해주세요.

05. 전체 테두리를 컷팅하고 접어서 완성합니다. 실 색과 어울리는 단추를 달아주어도 예뻐요.

블루색 바늘집

재료 및 도구

- 원단 20ct Bellana Skyblue
- 실   DMC #5-311번
- 바늘 20호, 22호

치수

- 원단 27×17cm 안감원단, 속지원단 각각 별도
- 완성 11.5×9.5cm

사용된 스티치

- 클로스터 블록-(#5) 021p
- 버튼홀 스티치-(#5) 022p
- 새틴 피라미드-(#5) 061p
- 새틴 에잇 포인티드 스타-(#5) 054p
- 컷팅 트레드 인 스몰 스퀘어 024p
- 속지-백 스티치-(#5)

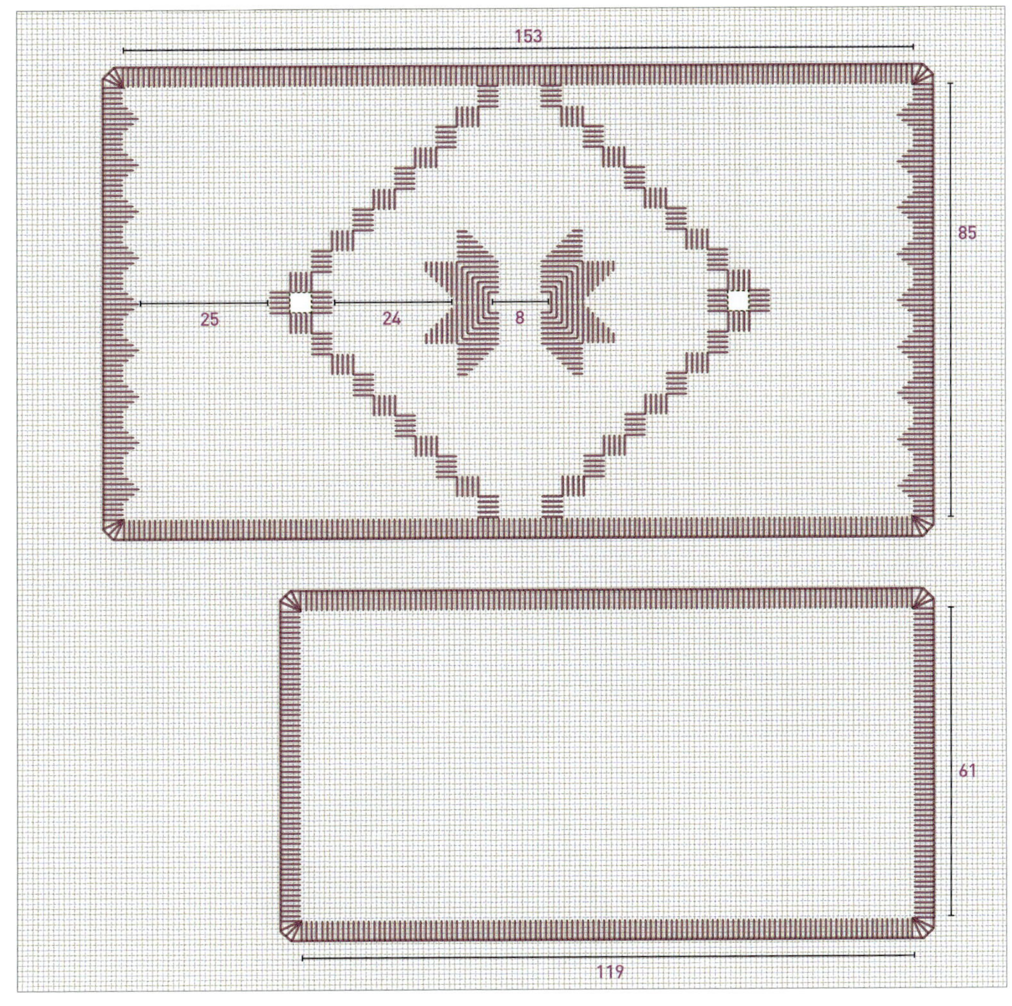

01. 클로스터 블록으로 위아래가 붙지 않게 꺽쇠 괄호를 만들어주세요. 버튼홀 스티치로 테두리를 둘러줍니다. 이때 길이가 짧은 두 면은 새틴 피라미드로 꾸며주세요.

02. 덮개가 될 마름모 부분에는 새틴 에잇 포인티드 스타 054p 를 변형해 넣어줄 거예요. 마주보는 형태로 4개씩 블록을 완성해주세요. 속지가 될 원단에도 버튼홀 스티치 022p 를 채워줍니다.

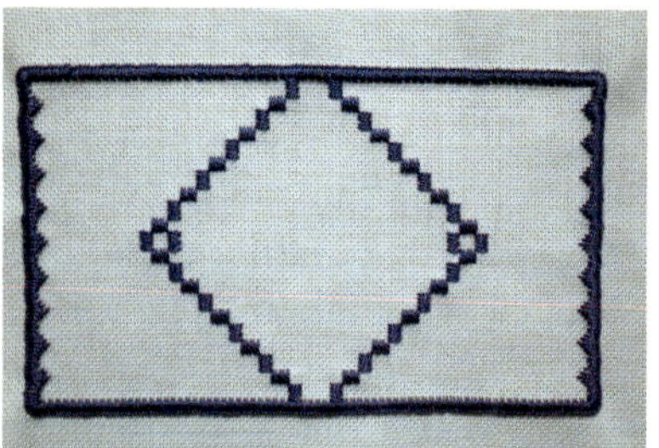

03. 스티치가 완성된 모습입니다. 몸통의 작은 클로스터 블록 안을 컷팅해준 뒤, 전체 테두리를 컷팅합니다. 다른 원단에 4칸씩, 가로 50개 세로 30개의 백 스티치를 놓아 직사각형 안감을 만들어주세요.

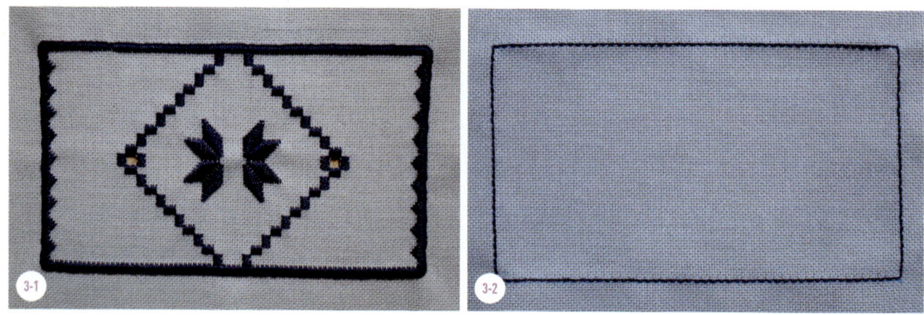

04. 안감과 겉감을 휘프트 아웃라인 스티치로 묶어서 직사각형 바늘집을 만들어주세요. 속지 버튼홀 원단을 컷팅한 후에 안감을 묶은 바늘집에 공그르기로 고정시켜 완성합니다.

05. 바늘집이 완성되었습니다.

하덴거 · 소품들 02 - 1

퍼플 쿠션

Purple cushion

재료 및 도구

- 원단 20ct Bellana Antique white
- 실   DMC #5-3041번,
       3042번 각 1묶음, #8-3041 1ball
- 바늘 20호, 22호

치수

- 원단 47×42cm
  동일한 사이즈 뒷면 원단,
  지퍼 45cm, 쿠션솜 40cm
- 완성 42×38cm

사용된 스티치

- 클로스터 블록-(#5) 021p
- 트위스티드 래티스 밴드-(#5) 040p
- 새틴 튤립 모티브-(#5) 060p
- 새틴 플라워(4번)-(#5) 056p
- 컷팅 리무빙 트레드 024p
- 리버스 그릭 크로스-(#8) 039p
- 위븐 바 위드 스파이더 웹 스티치-(#8) 029p
- 그릭 크로스 필링-(#8) 038p
- 뒷지--백스티치

01. 시접을 남기고 47×42cm로 원단을 재단합니다. 가운데 네모 모양 클러스터 블록부터 완성한 뒤 마름모꼴-바깥 네모 순으로 만들면 편해요. 트위스티드 래티스 밴드를 이용해 전체 테두리를 둘러준 뒤, 정중앙에 새틴 튤립 모티브를 채워주세요.

02. 좌상단과 우하단 마름모는 새틴 플라워(4번)을 한 뒤 컷팅하고, 각 모서리에 리버스 그릭 크로스를 채워줍니다.

03. 좌측 하단 마름모꼴은 위븐 바 위드 스파이더 웹 필링 029p 로, 우측 상단 마름모꼴은 그릭 크로스 필링 038p 로 모양을 내어 줍니다. 수를 완성한 뒤, 쿠션 뒷지에 지퍼를 달아 테두리를 박음질한 후 뒤집어서 쿠션 솜을 넣고 공그르기하여 마감해주세요.

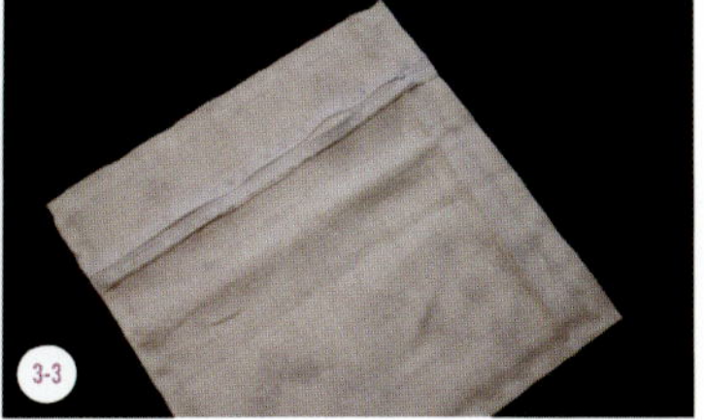

04. 퍼플 쿠션이 완성된 모습입니다.

블루 스타 쿠션

Blue Star Cushion

재료 및 도구

- **원단** 20ct Bellana Skyblue
- **실** DMC #5-932번 1묶음, #8-932번 1ball
- **바늘** 20호, 22호

치수

- **원단** 43×43cm
  동일한 사이즈 뒷면 원단,
  지퍼 45cm, 쿠션솜 35cm
- **완성** 37×37cm

사용된 스티치

- 새틴 스타-[#5] `053p`
- 트리플 케이블 스티치-[#8] `036p`
- 새틴 튤립 모티브-[#8] `060p`
- 컷팅 리무빙 트레드 `024p`
- 그릭 크로스 필링-[#8] `038p`
- 트위스티드 바-[#8] `025p`
- 뒷지-백스티치

01. 43×43cm로 원단을 재단한 후 새틴 스타 엣지를 수놓아주세요. 트리플 케이블 스티치로 안쪽에 네모 모양을 만들어줍니다. 그릭 크로스 필링과 트위스트 바 스티치를 이용해 컷팅된 내부를 채워줍니다.

02. 사각형의 각 모서리 안쪽에 새 틴 튤립 모티브를 2개 블록씩 만 들어줍니다. 퍼플 쿠션처럼 뒷 지에 지퍼를 달고 테두리를 박 음질한 후 뒤집어 완성합니다.

CHAPTER 4

하덴거 · 소품들 03

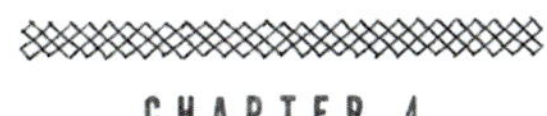

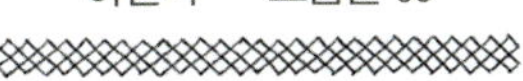

아이보리 매트

Ivory Mat

재료 및 도구

- 원단 20ct Bellana Cream
- 실 Anchor #5-391번 1묶음, #8-391번 1ball
- 바늘 20호, 22호

치수

- 원단 45×36cm
- 완성 3.5×31cm

사용된 스티치

- 클로스터 블록-(#5) 021p
- 포 사이디드 스티치(#5) 045p
- 새틴 하트-(#5) 057p
- 컷팅 리무빙 트레드 024p
- 위븐 바 위드 스파이더 웹 스티치-(#8) 029p
- 스퀘어 필렛 필링-(#8) 043p
- 룹 스티치-(#8) 042p
- 위븐 바-(#8) 031p
- 넛트 트위스티드 크로스 스티치-(#8) 026p
- 스퀘어 필렛 필링-(#8) 043p
- 테두리끝단-공그르기

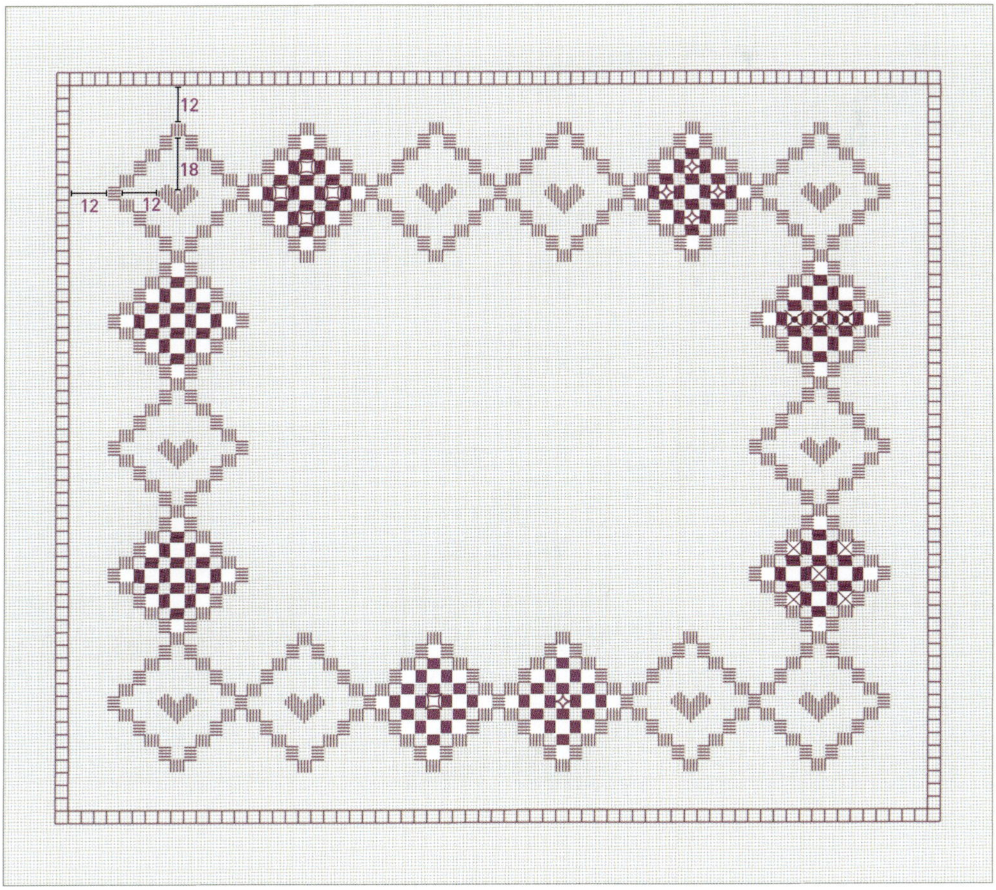

01.

클로스터 블록으로 마름모꼴을 완성한 후 테두리에 포 사이디드를 둘러주세요. 각 모서리와 중간 마름모에 새 틴 하트를 수놓아준 뒤 컷팅합니다.

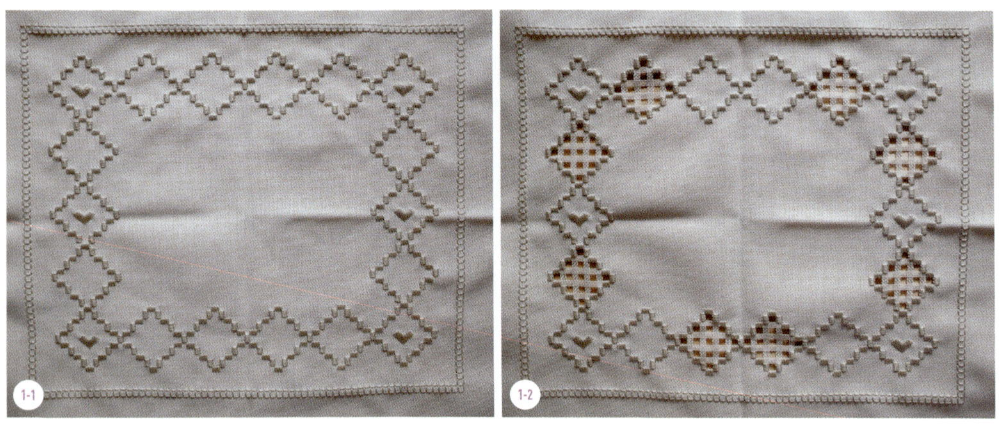

02.

넛트 크로스 스티치, 룹 스티치, 스퀘어 필렛 필링, 위븐 바, 스파이더 웹 필링, 랩드 바 위드 스퀘어 필렛 필링 스티치를 사용해 내부를 꾸며주었습니다. 일반 퀼팅실을 이용해, 끝단을 접어 공그르기해 마감합니다.

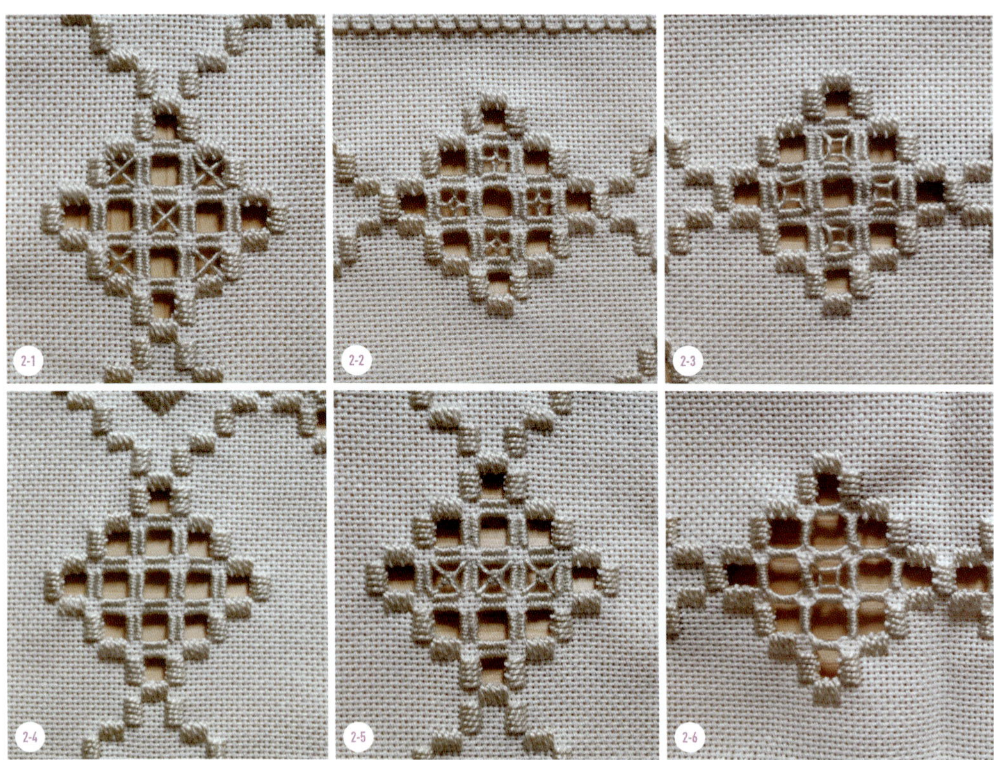

CHAPTER 4

하덴거 · 소품들 04-1

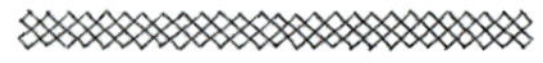

핑크 파우치

Pink Pouch

재료 및 도구

- 원단 20ct Bellana Ash Rose
- 실 DMC #5-4190번 1묶음, #8-9번 1ball
- 바늘 20호, 22호

치수

- 원단 가로 14.5cm X 세로 윗부분 6.5cm X 14.5cm
  (모든 시접 3cm이상, 동일 사이즈 뒷면 원단, 끈)
- 완성 13.5×17.5cm

사용된 스티치

- 새틴 클로스터 블록(2번)-(#5) 058p
- 클로스터 블록-(#5) 022p
- 아일렛 스티치-(#8) 048p
- 새틴 하트-(#5) 057p
- 컷팅 트레드 인 스몰 스퀘어 024p
- 룹 스티치 위드 피콧-(#8) 042p
- 스퀘어 필렛 필링-(#8) 043p

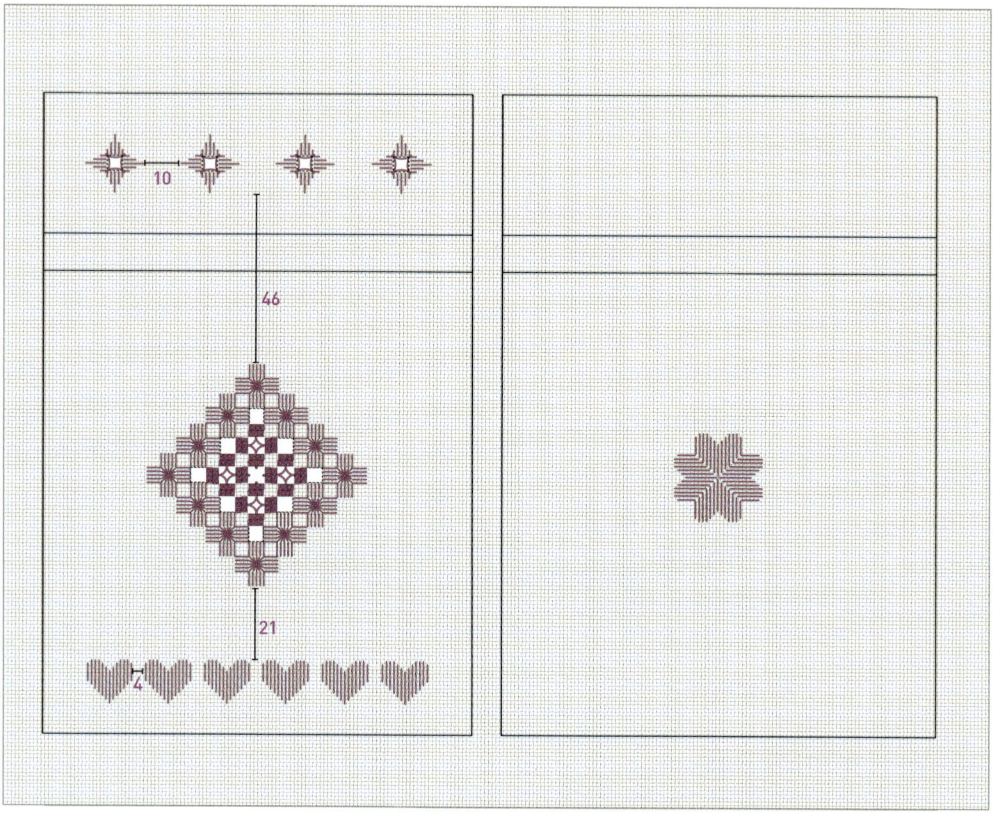

01. 상단에 새틴 클로스터 블록 (2번) 058p 를 4개 수놓아주세요. 파우치의 가운뎃부분에 마름모꼴의 클로스터 블록을 만들어준 뒤, 아래에는 새틴 하트 057p 를 채워줍니다.

02. 상단 4개의 클로스터 블록을 컷팅 트레드 인 스몰 스퀘어 024p 한뒤 스퀘어 필렛 필링 스티치 043p 으로 채워주세요. 중앙의 클로스터 블록 또한 아일렛 스티치 후 컷팅하여 룹 스티치 위드 피콧 042p 으로 내부를 채워줍니다. 파우치 뒷면은 새틴 하트 057p 를 4개 합쳐 꽃모양으로 작은 포인트를 줍니다.

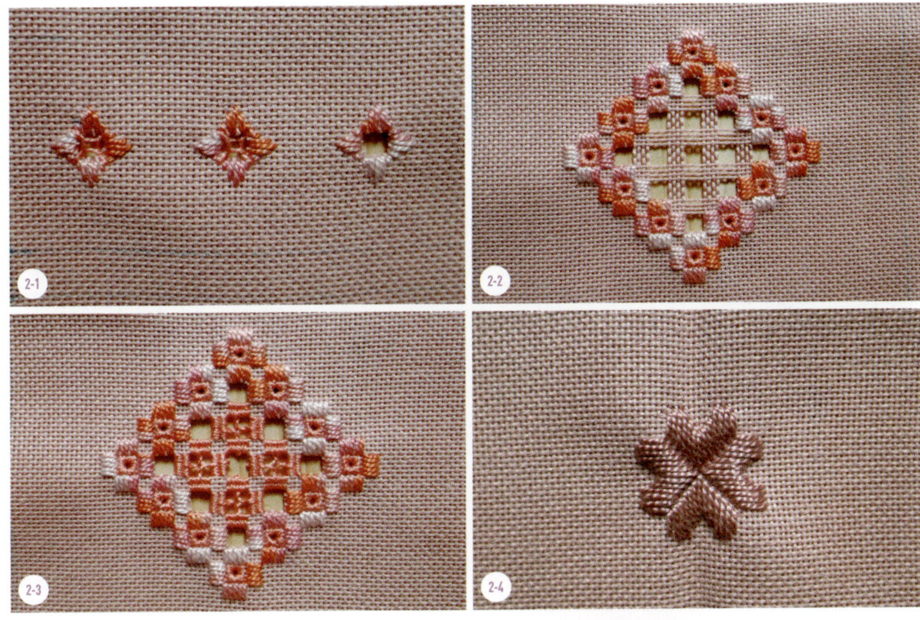

03. 전체 스티치의 앞면과 뒷면이 완성된 모습입니다. 파우치를 재단하여 박음질로 둘러 박아준 뒤, 끈을 교차해 넣어줍니다. 샤셰 파우치가 완성되었습니다.

크림 하늘색 파우치

하덴거 · 소품들 04 - 2

Cream Sky Pouch

재료 및 도구

- **원단** 20ct Bellana ivory
- **실** Anchor #5-128번 1묶음, 4230번 1묶음, #8-128번 1ball
- **바늘** 20호, 22호

치수

- **원단** 가로 14.5cm X 세로 윗부분 6.5cm X 14.5cm
  (모든 시접 3cm이상, 동일 사이즈 뒷면 원단, 끈)
- **완성** 13.5×17.5cm

사용된 스티치

- 새틴 클로스터 블록(2번)-[#5] 058p
- 새틴 피라미드-[#5] 061p
- 새틴 플라워(1번)-[#5] 055p
- 아일렛 스티치-[#8] 048p
- 컷팅 리무빙 트레드 024p
- 레이지 데이지 스티치-[#8] 041p

01. 조금 다른 모양의 샤셰 파우치를 하나 더 만들어보겠습니다. 상단은 새틴 클로스터 블록 (2번) `058p`, 가운데는 크레넬레이티드 엣지 `041p`, 하단에는 새틴 피라미드 `061p` 를 하여 앞면 스티치를 완성합니다.

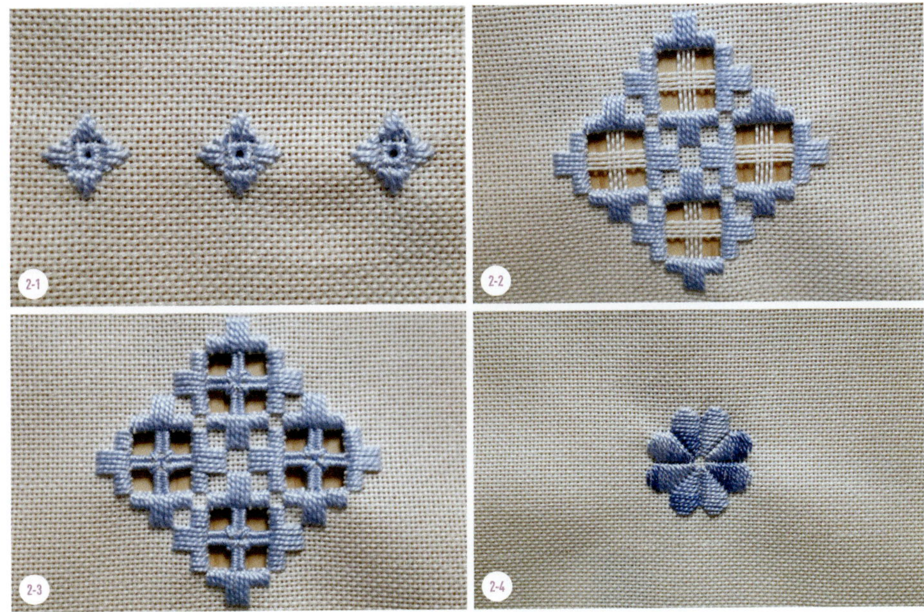

02. 상단 4개의 클로스터 블록에는 아일렛 스티치, 중앙은 컷팅 후 레이지 데이지 `041p` 를 채워줍니다. 뒷면에는 새틴 플라워(1번) `055p` 로 포인트를 주었습니다.

03. 스티치가 모두 완성되었습니다. 같은 방식으로 파우치를 재단해 박아준 뒤 끈을 교차해 끼워 완성합니다.

그린 테이블 매트

Green Table Mat

재료 및 도구

- 원단 20ct Bellana Cream
- 실   DMC #5-503번 2묶음
        #8-503번 1ball
- 바늘 20호, 22호

치수

- 원단 45×32cm
- 완성 35×26cm

사용된 스티치

- 클로스터 블록-(#5) 021p
- 버튼홀 스티치-(#5) 022p
- 새틴 플라워(2번)-(#5) 055p
- 더블 케이블 스티치-(#8) 035p
- 아일렛 스티치-(#8) 048p
- 알제리안 아일렛 스티치-(#8) 046p
- 컷팅 리무빙 트레드 024p
- 위브 바-(#8) 031p
- 위브 바 위드 피콧-(#8) 032p
- 룹 스티치-(#8) 042p
- 스퀘어 필렛 필링 스티치-(#8) 043p

 클로스터 블록으로 속 테두리를 완성한 후 버튼홀 스티치를 둘러줍니다. 새틴 플라워 스티치, 아일렛 스티치,
알제리안 아일렛 스티치, 케이블 스티치로 각 사각형 안을 메워준 뒤 컷팅합니다.

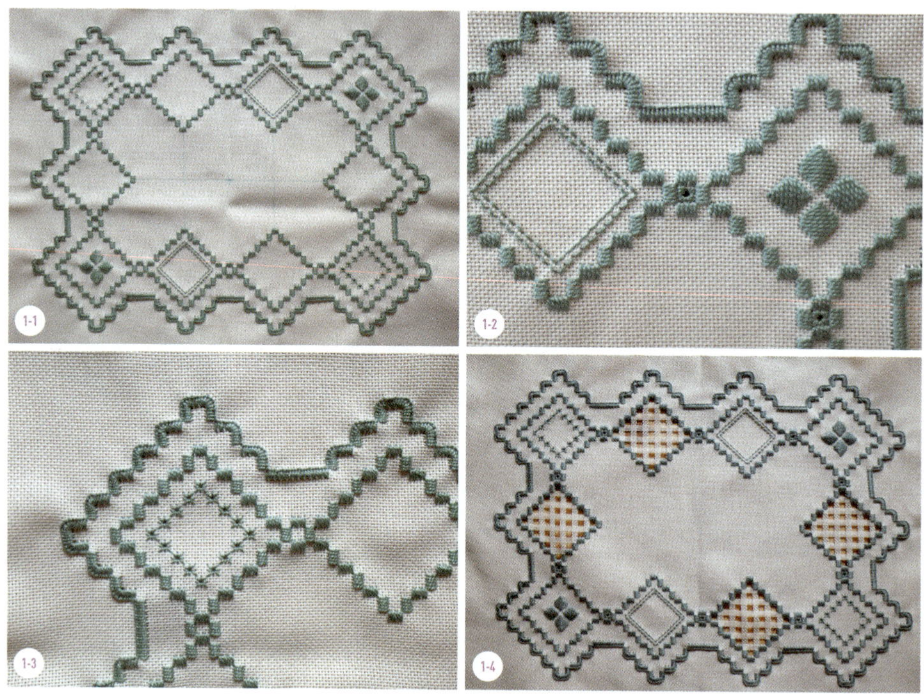

02. 컷팅한 사각형을 위븐 바, 위븐 바 위드 피콧, 롭 스티치, 스퀘어 필렛 필링 스티치를 활용해 채워주었습니다.
전체 스티치가 완성되면 컷팅합니다.

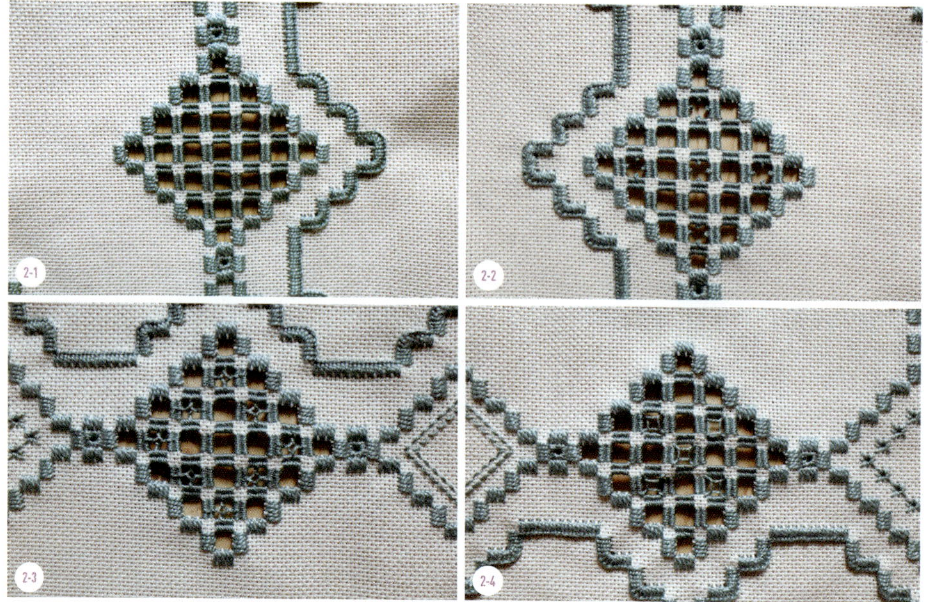

브라운 옐로 북커버

Brown Yellow Bookcover

재료 및 도구

- 원단 20ct Bellana Brown
- 실   Anchor #5-1353번 1묶음, #8-300 1ball
- 바늘 20호, 22호

치수

- 원단 45×25cm
  (북커버 접히는 부분 사이즈까지 포함됨)
- 책 사이즈 13×19×1.5cm
  (재단사이즈는 시접 +2cm 포함할 것)
  ※책 사이즈는 가로 세로 폭을 중심으로 재단하면 됩니다

사용된 스티치

- 새틴 클로스터 블록(3번)-(#5) 059p
- 클로스터 블록-(#5) 022p
- 알제리안 아일렛 스티치-(#8) 046p
- 새틴 플라워(3번)-(#5) 056p
- 컷팅 리무빙 트레드 024p
- 립 휠-(#8) 050p
- 백스티치, 공그르기

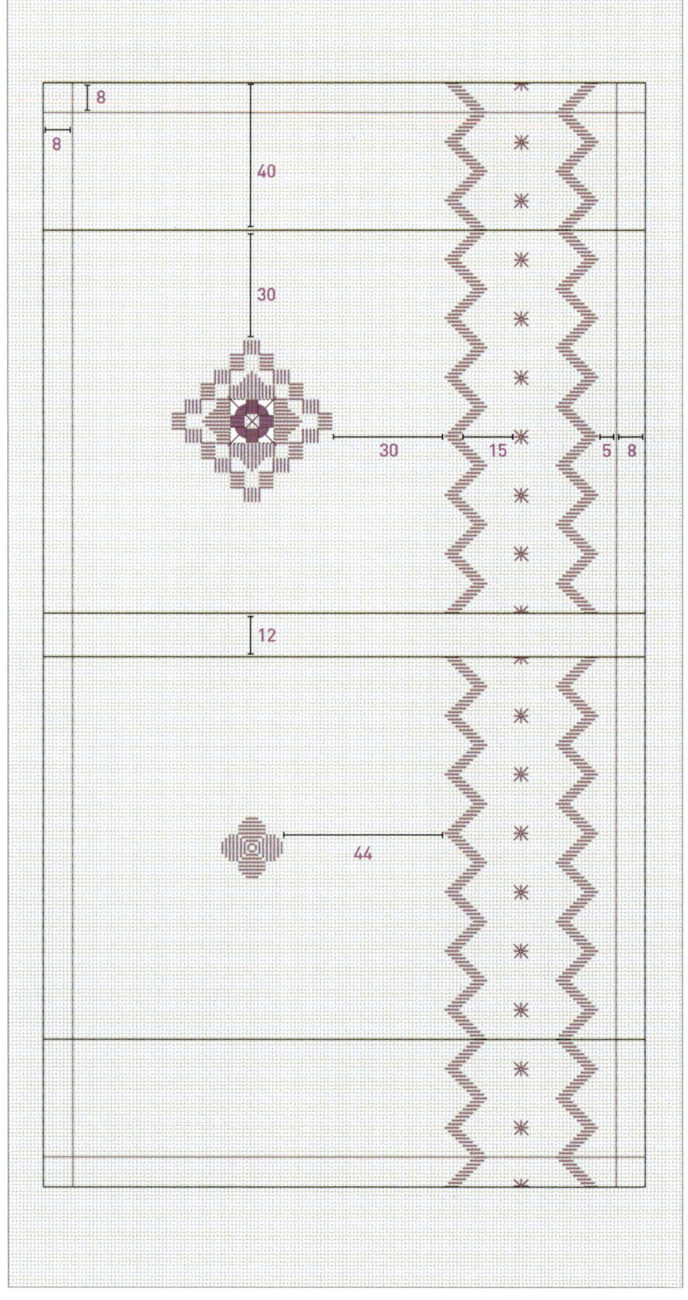

01. 도안대로 원단에 선을 표시한 후 재단해주세요. 하단은 새틴 클로스터 블록(3번) 059p 을 한 뒤 알제리안 아일렛 스티치로 포인트를 넣어주세요.

02. 북커버의 앞면 중앙에 수를 놓아보겠습니다. 새틴 피라미드 061p 와 클로스터 블록 021p 으로 테두리를 만들어준 후 사각형 안쪽을 컷팅하고, 립 휠 스티치 050p 를 완성합니다.

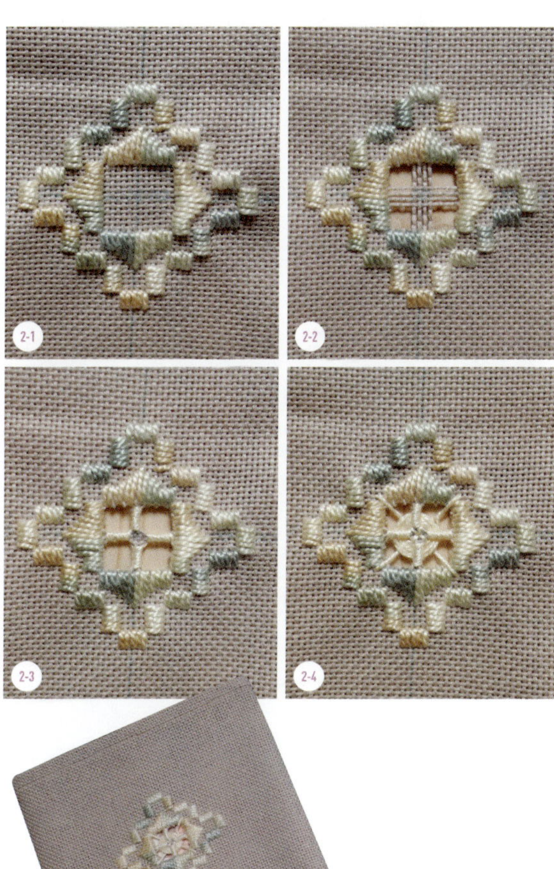

03. 북커버의 뒷면 중앙은 새틴 플라워(3번)로 꽃을 만들어주세요. 스티치가 완성되면 사방 테두리를 박음질하고, 책 표지를 끼우는 부분을 접어 위와 아래를 공그르기하여 완성합니다.

브라운 크림 북커버

Brown Cream Bookcover

재료 및 도구

- 원단 20ct Bellana Brown
- 실 DMC #5-Ecru 1묶음,
  #8-Ecru 1ball
- 바늘 20호, 22호

치수

- 원단 45×25cm
  (북커버 접히는 부분 사이즈까지 포함됨)
- 책 사이즈 13×19×1.5cm
  (재단사이즈는 시접 +2cm 포함할 것)
  ※책 사이즈는 가로 세로 폭을 중심으로 재단하
  면 됩니다

사용된 스티치

- 클로스터 블록-(#5) 021p
- 아일렛 스티치-(#8) 048p
- 새틴 다이아몬드 스타-(#5) 053p
- 새틴 튤립 모티브-(#5) 060p
- 백스티치-(#5)
- 블랭킷 스티치 플라워-(#8) 052p
- 컷팅 리무빙 트레드 024p
- 다이아몬드 엣지 위드 위븐 페탈
  -(#8) 033p
- 트위스티드 바-(#8) 025p
- 백스티치, 공그르기

01. 책등이 되는 3cm 공간에 클로스터 블록 사각형을 6개 만든 후, 중앙에 아일렛 스티치를 채워주세요. 위와 아래에 백스티치를 넣어줍니다. 백스티치는 4칸씩, 아랫줄은 2칸 뒤에서 시작해주세요.

02. 새틴 다이아몬드, 새틴 스타를 완성한 후 가운데에 튤립 모티브를 넣어주세요. 뒷면은 새틴 클로스터 블록으로 채워준 뒤 스티치 내부를 컷팅합니다. 각각 블랭킷 플라워, 다이아그놀 트위스티드 바, 다이아몬드 엣지 위드 위븐 페탈이 사용되었습니다.

03. 전체 테두리가 완성되면 사방 테두리를 박음질하고, 공그르기하여 완성합니다.

PART 2
히데보

히데보
자수란?

Hedebo
Embroidery

히데보
HEDEBO Embroidery

또는, 프랑스어로 나프홍 Napperon

히데보(Hedebo) 자수는,

덴마크 코펜하겐을 시작으로 19세기 후반에 시작된 흰색자수의 일종으로 덴마크어로는 들판이라는 뜻을 가지고 있습니다. 주로 드론워크나 컷워크를 통한 장식적인 효과를 내는 자수의 일종으로 덴마크 코펜하겐의 농민 여성들을 중심으로 인테리어 소품과 옷에 수를 놓는 형태로 발전해 왔습니다.

19세기에는 히데보 모티브들이 가구나 고서 등에서 사용되기도 하였으나 점차 명성을 잃어가다가, 오늘날에 이르러 히데보의 아름다움이 재조명되며 다시 그 명성을 찾아가고 있습니다.

프랑스어로 나프홍(Napperon)은 작은 식탁보, 냅킨, 꽃병 등의 깔개라는 뜻을 가지고 있습니다. 이렇듯 작은 소품의 장식을 위한 자수로 히데보와 나프홍은 비슷한 형태로 만들어져 사용되고 있으며 부르는 명칭은 다르지만 같은 자수입니다.

익히 알려진 히데보 자수 작품을 보면 그 아름다움에 탄성이 나올 정도이지만 어렵고 복잡한 문양의 나열 때문에 히데보 자수는 어렵다는 생각을 하고 쉽게 접근을 하지 못하는 분들이 많이 있습니다. 저 또한 처음 히데보 자수를 접했을 때 너무나도 어려운 자수의 하나라고 생각하고 있었습니다. 그러나 겉보기와 달리, 히데보 자수는 버튼홀 스티치로 모든 모티브의 형태를 완성시키는 단순한 자수이기도 합니다.

컷워크의 기본을 배우고 히데보의 장식스티치를 익히면 어떤 작품도 하지 못할 것이 없습니다. 다만, 시간과 인내를 요하는 자수이기 때문에 처음부터 너무 어려운 모티브를 선택하면 자수를 완성할 수 없습니다.

이 책을 통해 히데보 자수를 처음 접하는 분들에게 쉽게 히데보 자수를 할 수 있다는 것을 알려드리고 싶었습니다. 전통적인 방법도 중요하지만 자수는 즐겁게 해야 한다고 생각하기 때문에 저만의 방식으로 간단한 모티브 디자인으로 여러가지 도일리와 소품들을 만들면서 히데보 자수에 한 발짝 나아갈 수 있도록 작품을 완성했습니다.

히데보는 흰색자수의 일종으로 흰색 린넨에 흰색 아브로더 실을 사용해서 완성하는 형태가 대부분이지만 이 책에서는 좀 더 다양한 실과 원단을 사용해서 만들었습니다.

정해진 룰은 없습니다. 내가 가지고 있는 실과 원단으로도 얼마든 아름다운 작품을 완성할 수 있습니다.

히데보 자수를 좀 더 많은 분들이 접할 수 있기를 기대합니다. 이 책이 처음 히데보 자수를 접하는 분들의 길안내서가 되기를 희망합니다. 인내와 끈기로 작품을 완성하시길 바랍니다.

히데보 자수에서 사용되는 재료들

히데보 도구들

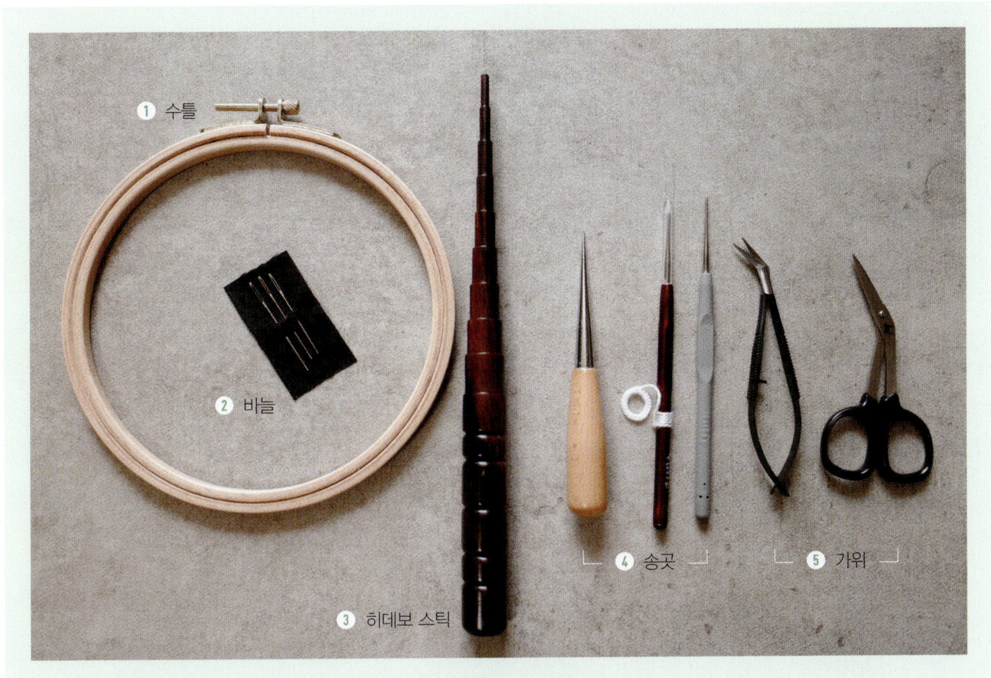

① 수틀　하덴거 자수와 마찬가지로 개인의 취향에 따라 사용하면 됩니다.

② 바늘　하덴거 자수에서 사용되는 바늘과 동일한 바늘을 사용할 수 있습니다. 시판되는 히데보 도 일리는 바늘 끝이 둥근, 태피스트리에 사용되는 귀가 길고 넓은 끝이 둥근 바늘을 사용해 작 업합니다. 원단을 컷팅해서 히데보 작업을 할 경우에는 끝이 뾰족한 바늘을 사용해 테두리 작업을 합니다. 20~24호의 바늘을 실의 굵기에 따라 골라 사용하면 됩니다. (5번사, 8번사 는 20~22호, 12번사 이상은 24호 바늘을 사용합니다. 제조사에 따라 바늘의 호수가 다를 수 있어요.) 호수가 커질수록 바늘은 가늘어집니다.

③ 히데보 스틱　링을 만들 때 크기를 다양하게, 또 좀 더 손쉽게 만들 수 있는 스틱입니다.

④ 송곳　컷팅을 하거나 아일렛 등을 만들 때 사용합니다.

⑤ 가위　원단을 자를 때 사용합니다. 절삭력이 좋은 가위가 필요합니다.

히데보 원단들

❶ 린넨 원단

100% 린넨 원단을 원하는 크기로 재단하여 히데보 자수의 테두리 장식을 할 수 있습니다.

❷ 시판용 히데보 도일리

시중에서 구입할 수 있는 히데보 도일리. 원형 도일리, 별 도일리, 꽃 도일리, 물방울 도일리, 육각형 도일리 등 원하는 도일리를 이용해서 다양한 테두리 장식과 히데보 장식으로 채울 수 있습니다.

히데보 실

아브로더 실

히데보 자수 실은 아브로더 실(16번, 20번, 25번, 30번)을 사용합니다. 프랑스 자수에서 사용되는 25번사(6가닥으로 이루어진 실)과 아브로더 실 25번은 다른 실로, 아브로더는 1가닥으로 이루어져 있습니다. 번호가 커질수록 실의 굵기는 가늘어집니다.

하덴거에서 사용하는 5번사, 8번사, 12번사의 실도 사용할 수 있습니다. 주로 시판용 히데보 도일리에 5번과 8번사를 사용합니다.

CHAPTER 2

히데보
스티치

Hedebo
Stitches

버튼홀 스티치 + 휘프트

버튼홀 스티치
Buttonhole stitch

TIP

히데보 스티치의 모든 무늬는 버튼홀 스티치위 에서 작업이 이뤄집니 다. 따라서 기둥을 단단 하게 세우는 게 중요해 요. 버튼홀 스티치후에 휘프트로 감아주는 작업 은 기둥을 단단하게 해 주는 기능을 합니다.

01. 원단 앞면 아무 곳에나 자유롭게 바늘을 꽂고, 버튼홀을 시작할 부분으로 빼내어줍니다. 이때 실을 끝까지 당기지 말고 고리를 만든 뒤 바늘을 통과 해주세요.

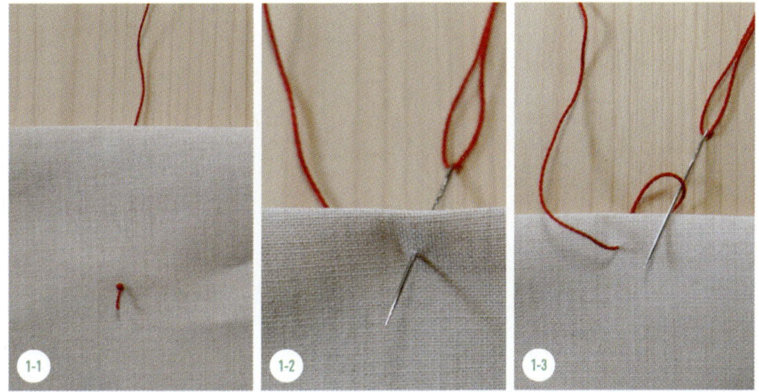

TIP

사각형, 원형으로 버튼홀을 이어가다 맨 마지막 버튼홀 스티치에서 맨 처음 버튼 홀 스티치에 실을 걸어 연결해서 휘프트해주세요.

02. 버튼홀 스티치가 끝나면 제일 오른쪽 칸은 비워두고, 오른쪽에서 두 번째 칸에 바늘을 끼워넣습니다. 안쪽에서 바깥쪽으로 바늘을 끼워넣어가며 실 을 감아주세요.

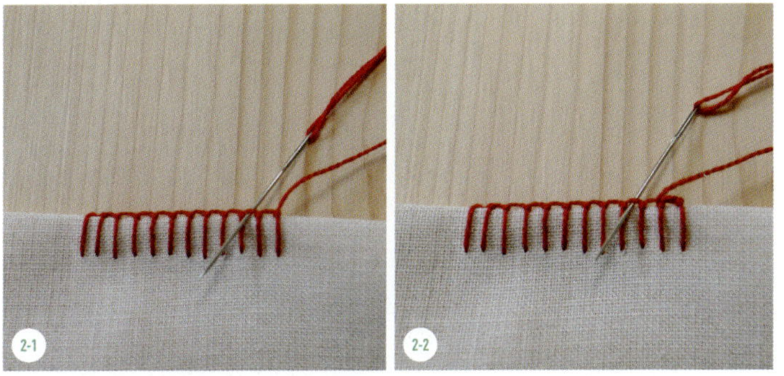

TIP

버튼홀 스티치는 왼쪽에서 오른쪽 방향으로, 휘프트는 반대 방향으로 감아줍니다.

01. 바늘을 원단의 뒤에서 앞쪽으로 빼냅니다. 첫 번째 실을 바늘 아래쪽에 두고 일정한 간격으로 바늘을 걸어 당겨줍니다.

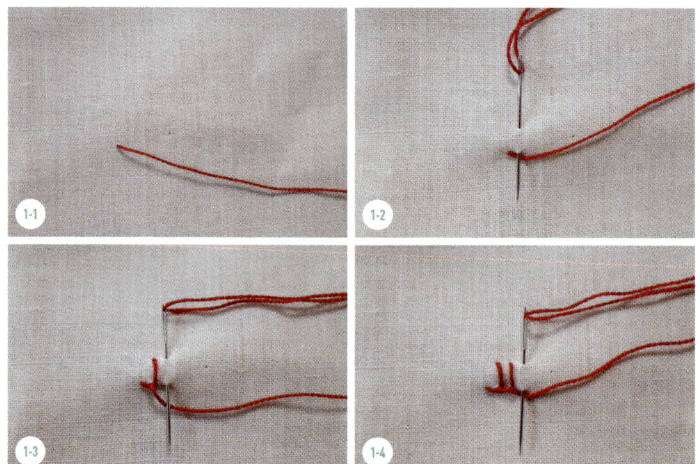

02. 버튼홀이 끝난 지점에서 반대 방향으로 실을 휘감아서 휘프트 스티치해주세요.

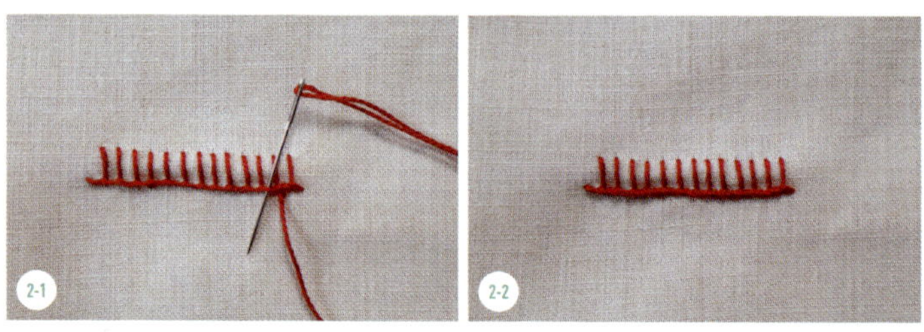

TIP

원의 테두리에 오픈 버튼홀 스티치를 한 후에 스캘럽이나 리크랙으로 꽃 모양을 만들 수 있습니다.

버튼홀 스티치 뒷면 실 정리

바늘을 원단의 뒤에서 앞쪽으로 빼냅니다. 첫 번째 실을 바늘 아래쪽에 두고 일정한 간격으로 바늘을 걸어 당겨줍니다.

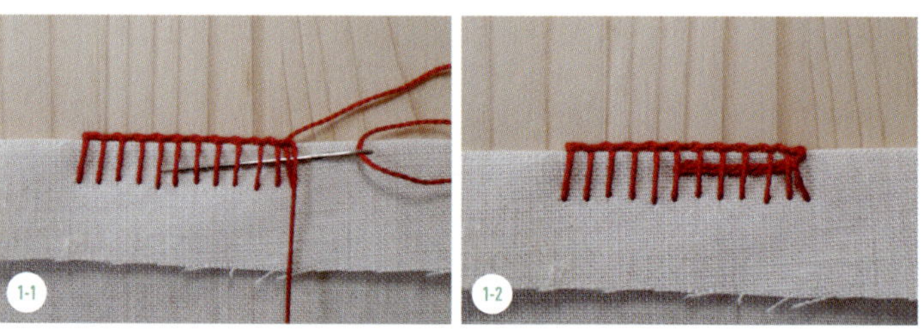

TIP

버튼홀 스티치에는 바깥쪽으로 모양이 나오는 일반 버튼홀 스티치와 안쪽으로 모양이 나오는 오픈 버튼홀 스티치가 있어요.

01. 마지막 버튼홀 스티치에서 실을 연결해야 할 때는, 바늘을 원단 뒤쪽에서 앞으로 빼냅니다. 이때 실을 끝까지 당기지 않고 고리 형태로 남겨놓습니다.

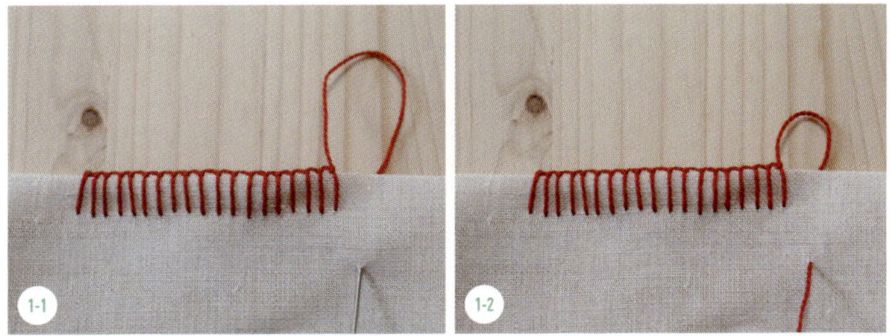

02. 바늘에 새로운 실을 끼워 버튼홀 스티치의 뒷면으로 끼워 넣어 실을 고정해줍니다. 버튼홀 스티치가 이어져야 할 곳으로 바늘을 찔러 넣고, ❶번에서 만들어놓았던 고리의 뒤에서 앞으로 바늘을 집어넣어 당겨줍니다. 이때 원단 위쪽에 남겨둔 짧은 실과 새롭게 끼운 실을 동시에 잡아 당겨 간격을 맞춰주세요.

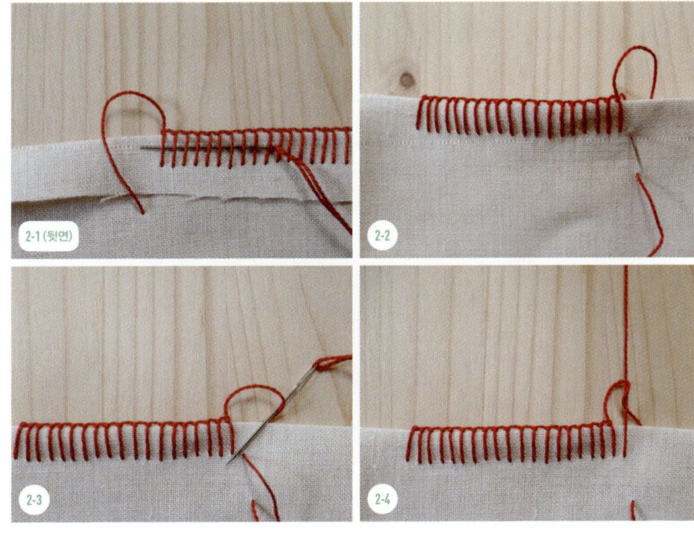

03. 계속해서 버튼홀 스티치를 이어갑니다. 앞쪽의 실은 뒤로 빼서 정리해줍니다.

스캘럽

Scallop stitch

동그랗게, 혹은 뾰족하게. 버튼홀 스티치가 히데보의 기본이라면, 스캘럽 스티치는 히데보의 꽃이라고 할 수 있어요.

01.

휘프트한 버튼홀 스티치 위에 일정한 크기의 반원 모양을 만들어줍니다. 반복하며 4줄을 만들어주세요.

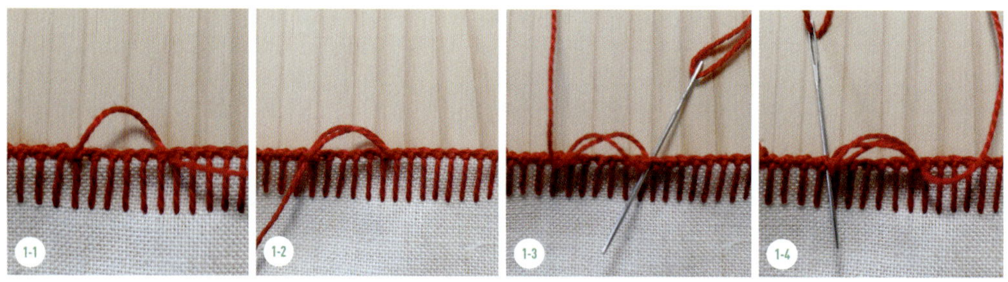

02.

반원에다가 버튼홀 스티치를 채워 넣습니다. 일정한 힘을 주며 스티치해야 고르고 예쁜 모양이 나와요.

03.

반원이 모두 채워지면 버튼홀 기둥에 실을 감아준 후에 새로운 스캘럽을 시작합니다.

TIP

일정한 간격을 띄워 스캘럽을 만들 경우에는 버튼홀 스티치를 휘프트로 감아주면서 원하는 위치까지 이동하면 됩니다.

01. 스캘럽을 1/2만 채운 후에 한 칸 뒤쪽 기둥머리 부분으로 바늘을 집어넣고 실을 당겨줍니다.

02. 다시 진행 방향 쪽으로 바늘을 집어넣고 버튼홀 스티치한 후에 아래쪽 구멍으로 바늘을 집어넣어 통과합니다.

03. 남은 1/2 부분을 버튼홀 스티치로 채워주어 완성합니다.

2단 스캘럽
Scallop

- - - - - - - - - - - - - - - - -

일반적으로 스캘럽하기 위한 4줄 반원을 만들 때에는 바늘이 왼쪽에서 오른쪽으로 이동하며 4줄짜리 반원이 되지만, 2단 이상의 스캘럽에서는 오른쪽에서 왼쪽으로 이동하여 반원을 만들어줘야 하기 때문에 반원이 3줄이 됩니다.

01. 스캘럽 1개 완성 후, 두 번째 스캘럽의 1/2만 채워준 뒤, 왼쪽 스캘럽의 중앙에 바늘을 통과시켜줍니다.

02. 3줄이 되면 버튼홀 스티치 113p 로 감아줍니다. 스캘럽의 남은 1/2 부분에 버튼홀 스티치를 채워 마무리합니다.

3단 스캘럽
Scallop

- - - - - - - - - - - - - - - - -

3단 이상의 스캘럽을 만들 경우 실을 연결하면 모양이 예쁘게 나오지 않으니 실을 조금 넉넉하게 잘라서 실 연결 없이 한번에 3단 스캘럽을 이어가면 좋아요.

01. 2단 스캘럽과 방식은 같습니다. 2단 스캘럽 하나를 완성한 후 1단에 스캘럽을 위한 4줄짜리 반원을 하나 만듭니다. 버튼홀로 1/2만 감아준 후, 왼쪽 스캘럽의 중앙 부분에 실을 걸어서 2단 스캘럽을 하나 더 만들어주세요. 이때도 버튼홀 스티치는 1/2만 감아주세요.

02. 2단 왼쪽에 있는 스캘럽의 중앙에 실을 걸어 3줄짜리 반원을 만듭니다. 3단에 있는 스캘럽부터 완성해가면서, 차례로 2단과 1단 스캘럽의 남은 1/2 부분을 버튼홀로 감아주며 마무리합니다.

01. 첫 번째 스캘럽을 완성한 후, 첫 번째 스캘럽의 끝부분에 바늘을 꽂아 넣고 두 칸 위로 바늘을 빼내어주세요.

02. 오른쪽으로 5~6칸 떨어진 곳의 버튼홀 스티치 113p 에 바늘을 걸어 넣고 4줄짜리 반원을 만들어줍니다. 이후에는 일반 스캘럽처럼 버튼홀 스티치로 반원을 채워줍니다.

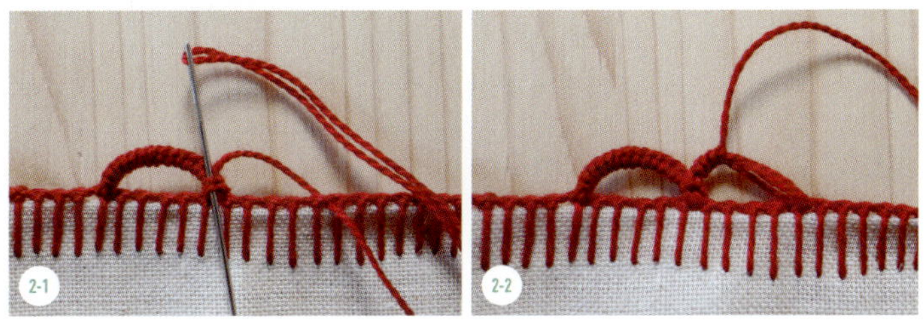

03. 왼쪽부터 스캘럽, 2단 스캘럽, 3단 스캘럽, 시작단과 연결된 스캘럽이 완성된 모습입니다.

리크랙

Recrack

01. 버튼홀 스티치 `113p` 위에, 왼쪽에서 오른쪽 방향으로 3개의 버튼홀 스티치를 해줍니다. 반대 방향으로 버튼홀 스티치를 휘프트 스티치로 휘감아 2번 이동합니다.

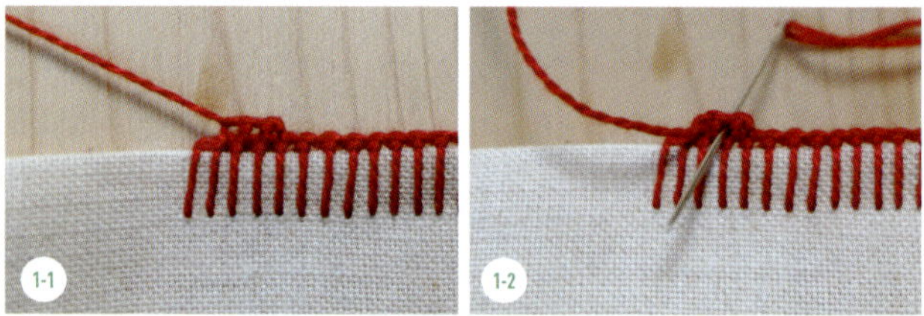

TIP

2단, 3단, 4단은 피라미드 형태의 단을 뜻하는 것으로, 맨 처음 하는 버튼홀 스티치의 숫자를 말합니다. 즉 2단 리크랙은 버튼홀 스티치 2개 – 1개로 완성, 3단은 3–2–1개로 완성 되는 것을 뜻합니다.

02. ❶과 같은 방식으로, 다시 오른쪽 방향으로 2개의 버튼홀 스티치를 합니다. 휘프트 스티치로 되감아준 뒤 1개의 버튼홀 스티치를 하면 3단이 완성됩니다.

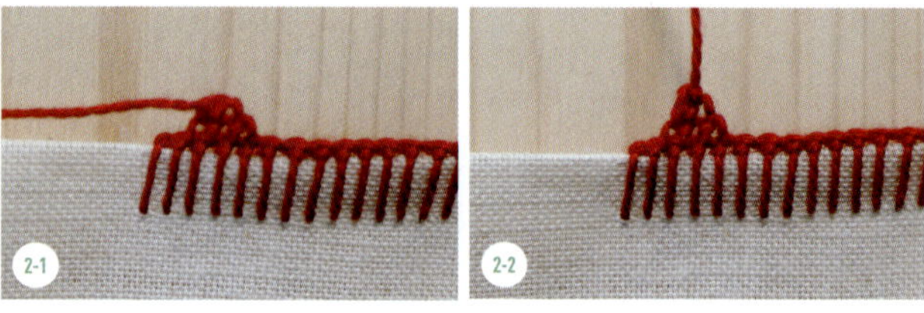

03. 3단 꼭대기에서 삼각형의 오른쪽 변을 휘프트 스티치로 감아주면서 내려옵니다. 1단의 아래쪽 기둥을 휘프트로 감아 마무리하여 리크랙 3단 완성.

리크랙 + 스캘럽

01. 3단 리크랙 `120p` 1개를 완성합니다. 2번째 리크랙은 오른쪽 변을 타고 내려오지 않고, 피라미드 꼭대기에서 스캘럽 `116p` 을 만들기 시작합니다. 완성되어있는 왼쪽의 3단 리크랙 맨 윗부분에 실을 걸어 3줄짜리 반원을 만들어줍니다.

02. 버튼홀 스티치 `113p` 로 스캘럽을 완성합니다.

03. 오른쪽 리크랙의 오른변을 휘프트로 3번 감아주면서 마무리합니다.

연속 연결

피라미드 꼭대기에서 중앙 리크랙에 반원 3줄을 걸어줍니다. 첫 번째 리크랙에 3줄 반원을 걸어준 후 버튼홀 스티치로 스캘럽 2개를 완성하고, 3번째 리크랙에서 사다리 변을 타고 휘프트를 3번 감아주어 마무리합니다.

TIP

리크랙은 원하는 개수만큼 할 수 있습니다. 맨 마지막 리크랙에서 왼쪽 방향으로 계속해서 스캘럽 3줄을 걸어주면서 맨 첫 번째 리크랙으로 돌아와서 스캘럽 채워주면서 마무리합니다.

사다리 휘감치기

01. 원단에 원형으로 러닝 스티치 129p 을 한 뒤 내부를 6-8조각으로 컷팅합니다. 자른 천은 뒤로 넘겨 접어주고, 오픈 버튼홀 스티치 114p 와 휘프트 스티치를 둘러줍니다.

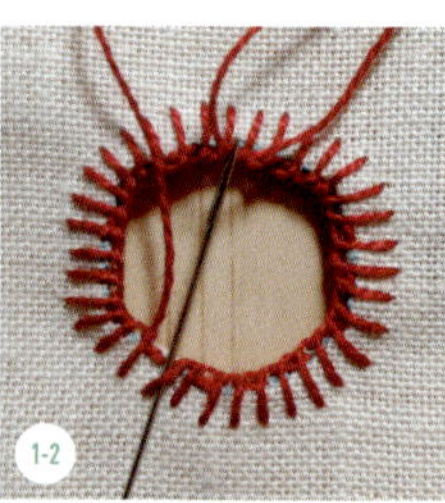

02. 일정한 간격을 정해서 오픈 버튼홀 스티치 사이로 바늘을 통과시켜주세요. 이때 실은 바늘 아래쪽으로 두고 당기며, 끝까지 실을 당기지 말고 느슨하게 걸어주세요.

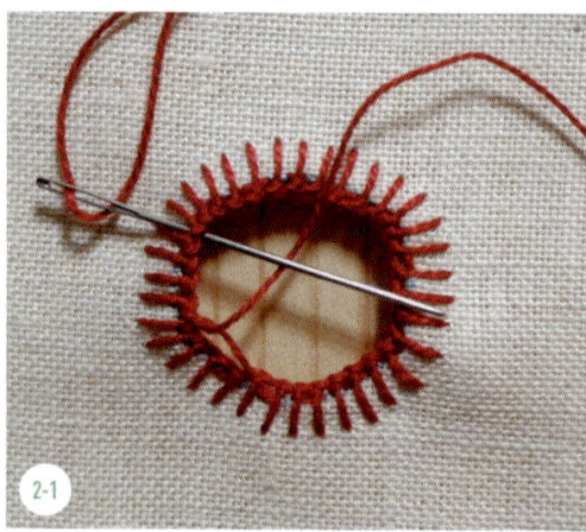
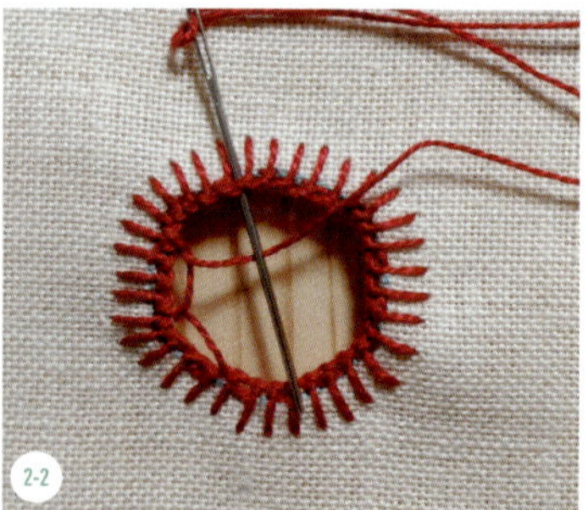

03. 원을 한 바퀴 둘러가며 실을 걸어주었다면, 첫 번째로 걸어주었던 실의 아래에서 위쪽으로 바늘을 집어넣어 당겨주세요. 반대 방향으로 휘프트를 감아주면 원이 만들어집니다.

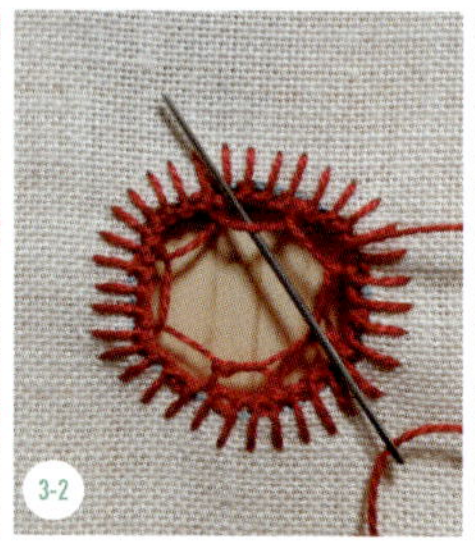

사다리 휘감치기 + 리크랙

01. 2~3칸 정도 간격으로 원단에 버튼홀 스티치 _{113p} 를 해줍니다. 실을 끝까지 당기지 말고, 공백을 두어 가며 사다리 휘감치기를 해줍니다.

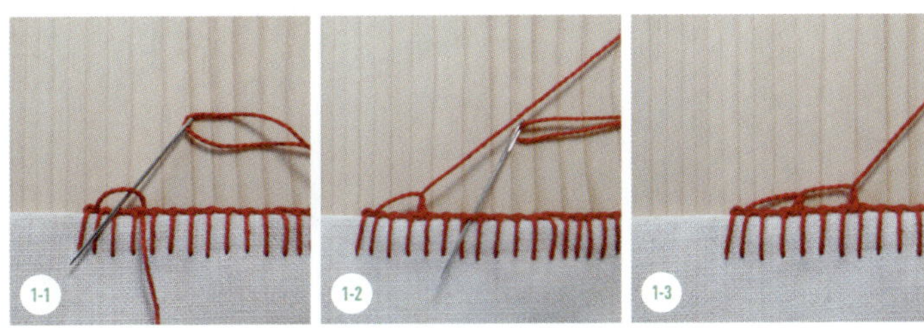

02. 버튼홀 스티치의 끝까지 사다리 휘감치기를 했다면, 이번에는 반대방향으로 사다리 휘감치기 위에 휘프트 스티치를 해주세요. 각 고리당 2~3회씩 감아줍니다.

03. 사다리 한 블록당 3단 리크랙 한 개씩을 완성합니다. 리크랙으로 완성된 피라미드 모양과 원단 사이에 공간을 띄운 모습으로 완성되었습니다.

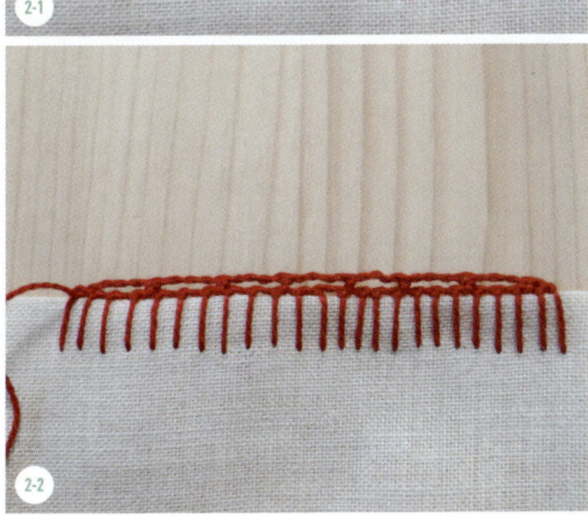

링 만들기

01. 히데보 스틱을 이용해 원하는 크기의 링을 4줄 감아줍니다.

02. 실이 풀리지 않게 버튼홀 스티치 113p 로 감아 링을 채워줍니다. 맨 마지막 실은 처음 했던 버튼홀 스티치의 기둥에 휘프트 스티치를 2~3회 하여 걸 어주세요.

03. 동일한 방법으로 여러 개 만들어주세요.

TIP

링과 링끼리 연결할 때를 위하여, 실은 넉넉하게 남겨주세요(링 연결하기 참고).

링 + 사다리 휘감치기

01. 원 안쪽에 일정한 간격으로 버튼홀 스티치 `113p` 를 둘러줍니다.

02. 첫 번째 기둥에 실을 교차해서 감아주고 반대 방향으로 휘프트 스티치를 감아주세요.

03. 완성한 버튼홀 스티치 `113p` 를 휘프트 스티치로 1~2회 감아준 후, 실을 뒷면에 숨겨 마무리합니다.

링 + 십자휘감치기 + 스파이더 웹 스티치

01. 링 안쪽에 일자 모양으로 기둥을 걸어준 후 기둥에 휘프트를 한번 감아주세요.

02. 링의 오른쪽에도 기둥을 만들어준 후 휘프트, 다시 왼쪽에도 기둥을 만들어준 후 휘프트 해주세요.

03. 바늘로 위-아래-위-아래 순으로 기둥을 통과하며 실을 걸어 스파이더 웹 스티치를 합니다. 한 바퀴 감아준 뒤에는 휘프트 스티치로 감아서 마무리해주세요.

---

01. 링과 링을 연결하는 방법입니다. 링의 뒤쪽에 바늘을 끼워 넣고 1/2 정도를 통과하며 고정시켜주세요.

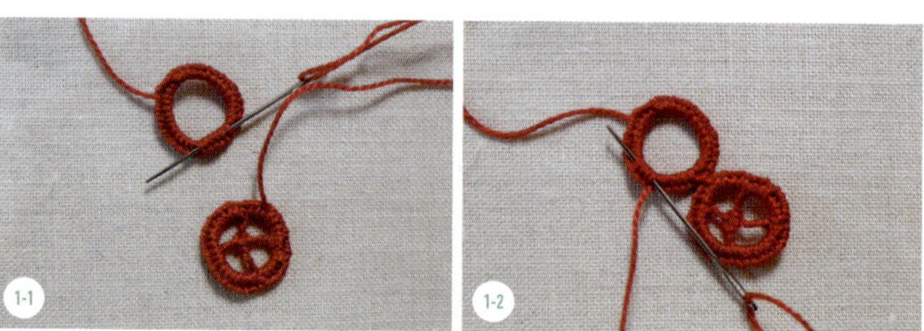

02. 연결된 링을 도일리에 고정시킬 때는 휘프트로 감아서 고정시켜줍니다.

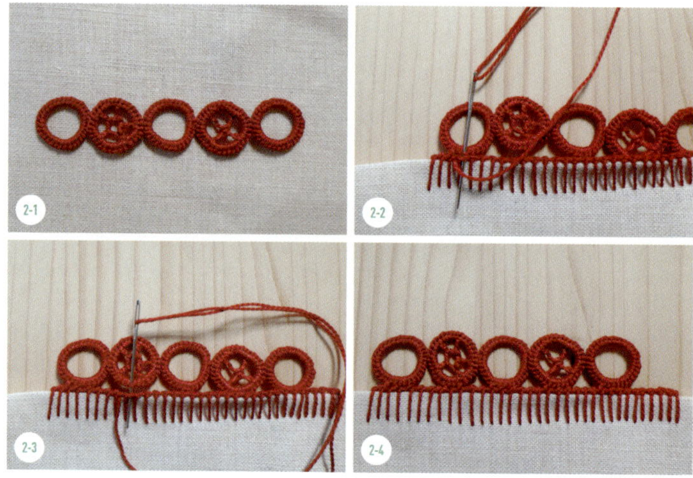

아일렛 스티치

Eyelet stitch

01. 원단에 구멍을 뚫어줍니다. 작은 구멍을 만들려면 송곳 등을 활용하세요.

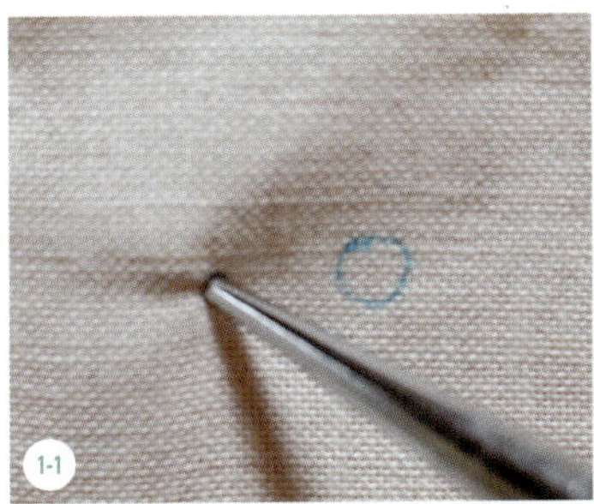

02. 원 모양으로 실을 감아줍니다. 실을 단단하게 잡아당기면서 구멍 형태를 채워주면 되며, 이때 원을 감싸는 실 테두리가 삐죽빼죽하지 않게 고르게 스티치를 해주세요.

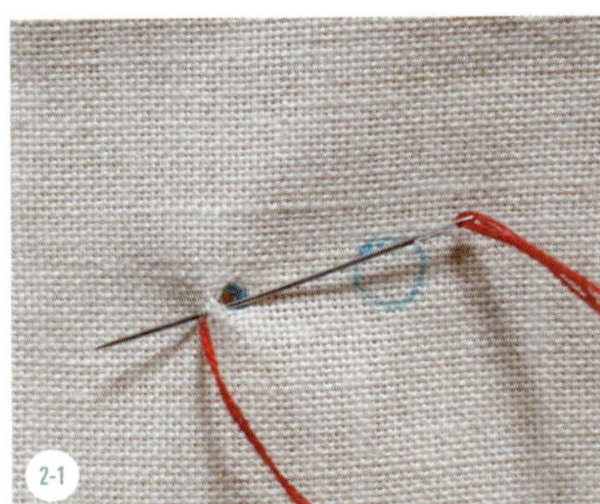

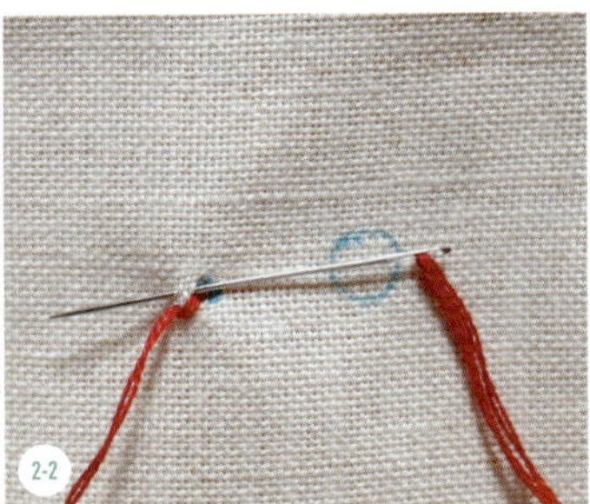

03. 조금 더 큰 원의 경우, 원하는 원의 크기를 정해서 원 주변에 러닝 스티치 129p 를 한 후 원단을 컷팅합니다. 컷팅한 부분을 뒤로 넘겨서 감아준 뒤 **2**의 과정을 반복합니다.

비즈 연결 방법

01. 바늘에 실을 꿰고 비즈를 넣어준 후, 왼쪽 한 칸 옆으로 이동하여 버튼홀 스티치 113p 로 비즈를 고정시켜줍니다. 진행 방향은 어디에서 시작하든 상관없습니다.

02. 옆으로 이동해야 할 때는 휘프트 스티치로 감아주면서 이동해주세요. 비즈를 꽂기 원하는 곳까지 와서 바늘에 비즈를 꽂아주어야 합니다.

03. 버튼홀 스티치 위에 비즈를 연결한 모습입니다.

러닝 스티치 + 휘프트

Running Stitch + Whipped Stitch

01.
자를 대고 수성 펜으로 선을 그어준 후, 선 위에 일정한 간격으로 스티치합니다.

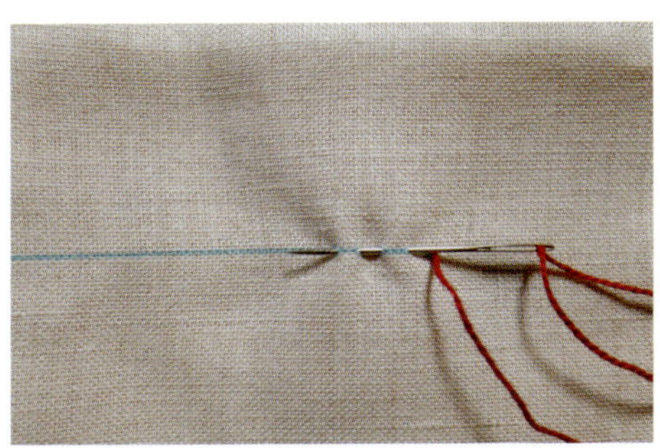

02.
러닝 스티치가 끝난 부분에서 둥근 바늘로 바늘을 바꿔주세요. 시작한 부분에 따라 러닝 스티치한 부분 아래에서 위로, 또는 위에서 아래 방향으로 실을 감아줍니다.

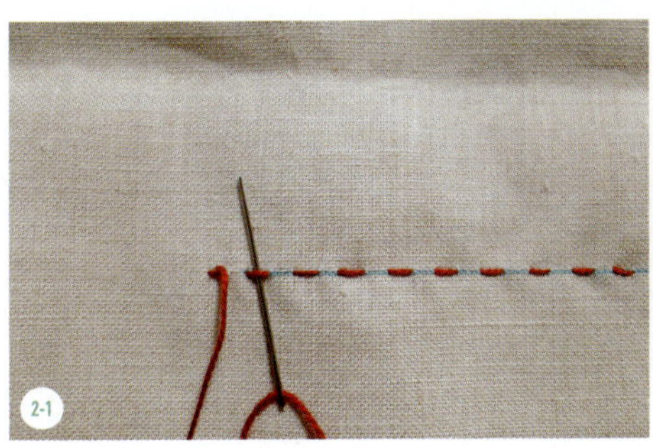

03.
러닝 스티치를 휘프트 스티치로 끝까지 감아준 모습입니다.

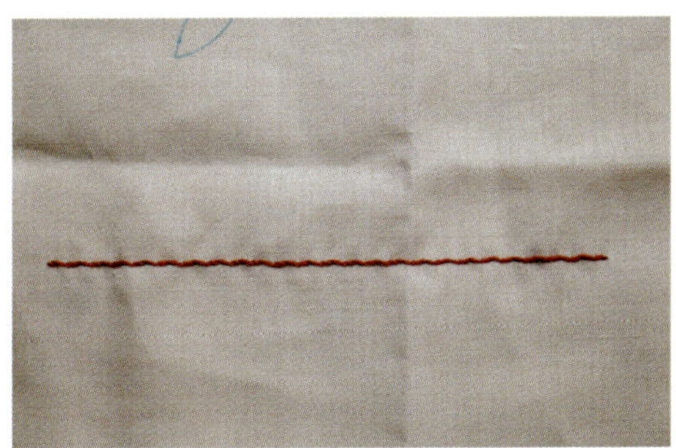

TIP

두 가지 스티치는 같은 색깔로 하는 것보다는 서로 대비되는 색깔로 하면 스티치가 훨씬 두드러져 보여요. 자투리 실을 활용해 다양하고 독특한 색감의 선을 완성해보세요.

리크랙과 휘프트로 잎 모양 꾸미기

01. 원단에 수성 펜으로 이파리 모양을 그려주세요. 모양에 따라 러닝 스티치 129p 를 둘러준 뒤 안쪽을 컷팅합니다. 컷팅하고 남은 원단 부분은 뒤쪽으로 접어준 후 오픈 버튼홀 스티치 114p 와 휘프트 스티치를 둘러주세요.

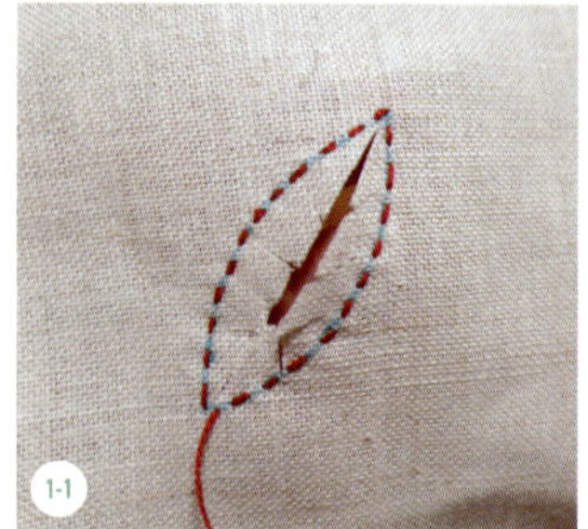

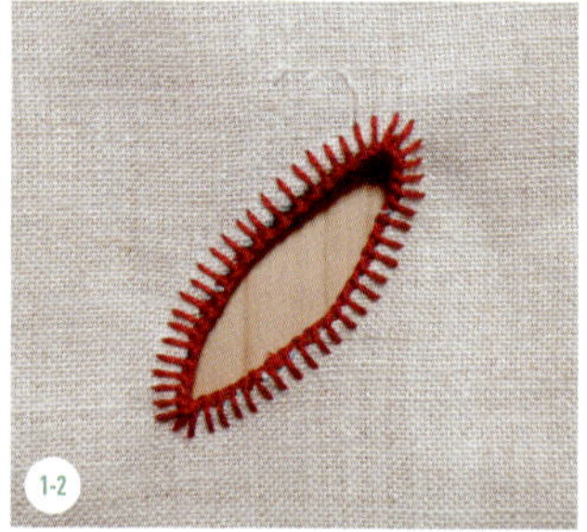

TIP

좁은 부분은 2~3단 리크랙, 넓은 부분은 4~5단 정도의 리크랙이 적당합니다. 실의 굵기에 따라서도 리크랙의 크기는 달라지기 때문에 얇은 실로 수를 놓을 때는 리크랙의 크기를 크게 합니다.

02. 잎의 크기에 따라 3~5단의 리크랙 120p 을 적절하게 배치합니다. 각 리크랙은 꼭대기 부분에서 실을 위쪽 버튼홀 끝에 걸어 휘프트로 2번 감아 고정시켜줍니다. 이때 실을 팽팽하게 당겨야 리크랙이 잘 고정됩니다. 고정시킨 후에는 옆면을 타고 휘프트로 3번 감아주면서 내려와서 리크랙을 완성시켜줍니다.

03. 나뭇잎 안쪽이 예쁘게 채워졌습니다.

TIP

스캘럽도 같은 방법으로 스티치하고 고정시켜주면 된답니다.

리크랙과 스파이더 웹 스티치

01. 원단에 원을 그려 선을 따라 러닝 스티치한 후 컷팅합니다. 오픈 버튼홀 114p 과 휘프트로 원을 채워준 후 원의 크기에 따라 3~4단 리크랙 120p 을 하나 완성해주세요.

02. 원을 빙 둘러 리크랙을 3개 더 완성해주세요. 4번째 리크랙의 꼭짓점에서 마감하지 말고, 나머지 3개의 리크랙 꼭짓점에 차례차례 바늘을 꽂아 서로 연결해주세요. 이때 사용되는 스티치는 휘프트이며, 실은 십자 모양으로 연결해야 합니다. 4번째 리크랙이 원의 오른쪽에 위치해 있다면, 왼쪽-위쪽-아래쪽 순으로 휘프트 스티치로 십자 모양을 만들어주세요. 십자 모양이 완성되었으면 십자 기둥의 위-아래-위-아래로 실을 통과시키며 스파이더 웹 스티치를 합니다.

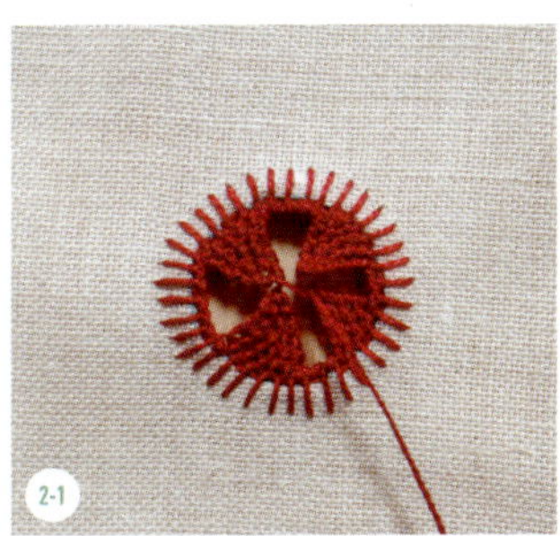

03. 스파이더 웹 스티치를 충분히 감아준 후, 마지막 리크랙으로 돌아와서 오른쪽 변을 휘프트 스티치로 3번 감아주어 마무리합니다.

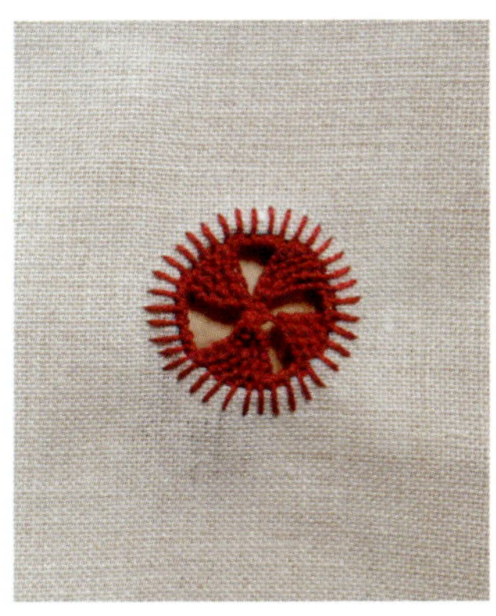

링, 스캘럽, 백스티치로
꽃 모양 만들기

01. 링을 만들어 원단에 고정시
킨 후, 스캘럽 `116p` 을 시작
합니다. 4줄짜리 반원을 만
들고 반원의 1/2 지점까지
버튼홀 스티치 `113p` 로 감아
주세요.

02. 한 칸 뒤쪽으로 바늘을 집
어넣고 실을 당겨줍니다.
진행 방향 쪽으로 다시 바
늘을 집어넣고, 버튼홀 스
티치한 후 아래쪽 구멍으로
바늘을 집어넣어 통과합니
다.

03. 나머지 1/2를 버튼홀 스티
치로 채워줍니다. 5~6개
정도의 스캘럽 `116p` 을 만들
어 원 둘레를 꽃잎으로 감
싸주세요. 태양처럼 활짝
피어난, 입체적인 꽃이 완
성되었습니다.

04. 링을 원단에 고정시킨 후
3~4단 리크랙 `120p` 을 5~6
개 정도 만들어 채워주면
또 다른 느낌의 꽃이 완성
됩니다.

오픈 버튼홀 스티치, 스캘럽, 십자 휘감치기를 이용한 꽃 만들기

01. 오픈 버튼홀 스티치 114p 와 휘프트를 이용해 원 주변을 둘러주세요. 버튼홀 스티치의 바깥쪽으로 버튼홀 스티치 113p 를 둘러 테두리를 만들어줍니다.

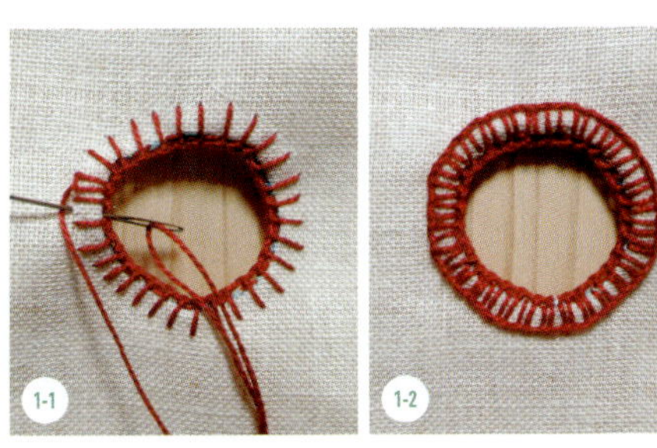

02. 원 안쪽에 스캘럽 116p 을 4개 만들어줄 거예요. 3개까지 완성한 후 4번째 스캘럽은 1/2만 채워줍니다.

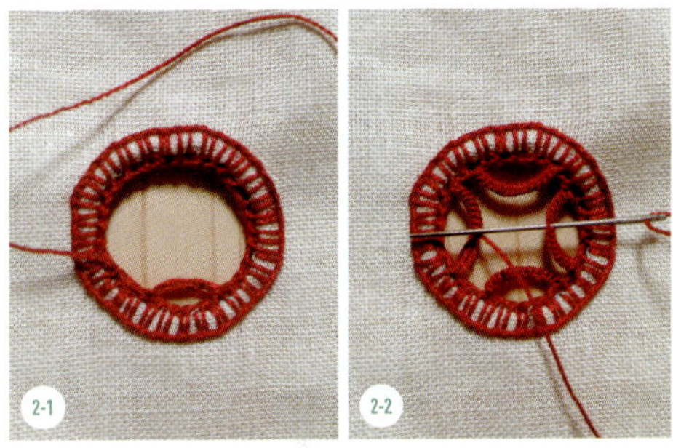

03. 반대쪽 스캘럽의 중앙 끝부분에 실을 걸어 십자 휘감치기 125p 를 해줍니다.

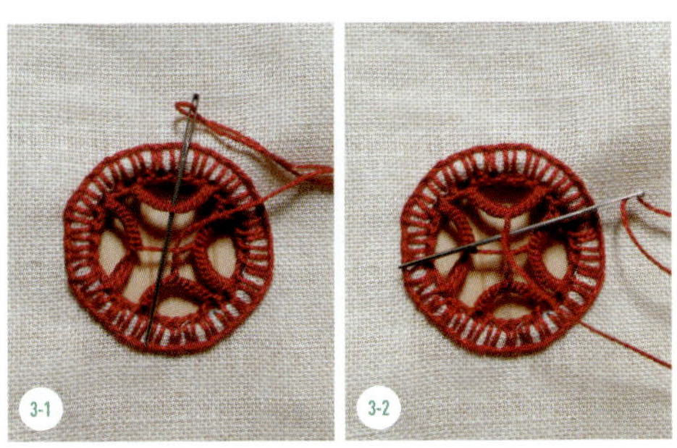

04. 십자 휘감치기로 만든 기둥에 위-아래-위-아래 순으로 실을 통과시켜 스파이더 웹 스티치 125p 를 감아줍니다.

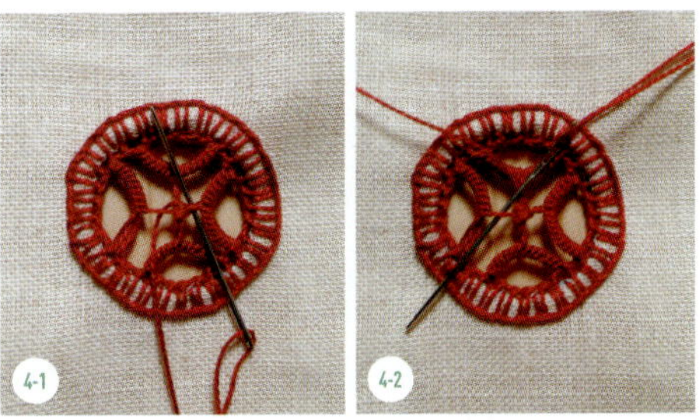

05. 4번째 스캘럽의 나머지 1/2 부분을 버튼홀 스티치로 채워주세요. 원 바깥쪽에 6~8개의 스캘럽 116p 을 채워주어 꽃 모양을 완성합니다.

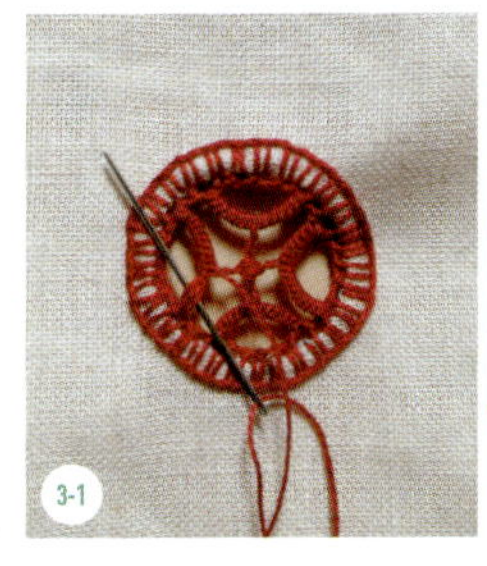

TIP

원 안쪽, 혹은 원 바깥쪽을 리크랙으로 채우면 또 다른 느낌의 꽃이 완성되어요.

히데보
도일리

Hedebo
Doily

히데보 · 도일리 01

벚꽃 도일리 원형 도일리

Cherry Blossom Doily

재료 및 도구

- 원단 시판용 원형 도일리
  11.5cm (폭)
- 실 DMC #5-4110
- 바늘 20호
- 샘플 도일리 실 색상
  Anchor #8-128번(하늘색),
  DMC #5-4077번(노란색)
  DMC #5-955번(민트색),
  DMC #5-4190번(핑크)

사용된 스티치

- 버튼홀 + 휘프트 스티치-(#5) 113p
- 스캘럽 + 백스티치-(#5) 117p

TIP

시판용 원형 도일리의 구멍은 총 104개입니다. 리크랙, 스캘럽 등을 만들 때 구멍의 수를 분할해서 모양을 만들면 일정한 간격에 맞추어 모양이 완성됩니다. 벚꽃 원형 도일리는 8칸(8개: 64), 5칸(8개: 40)으로 분할된 형태입니다.

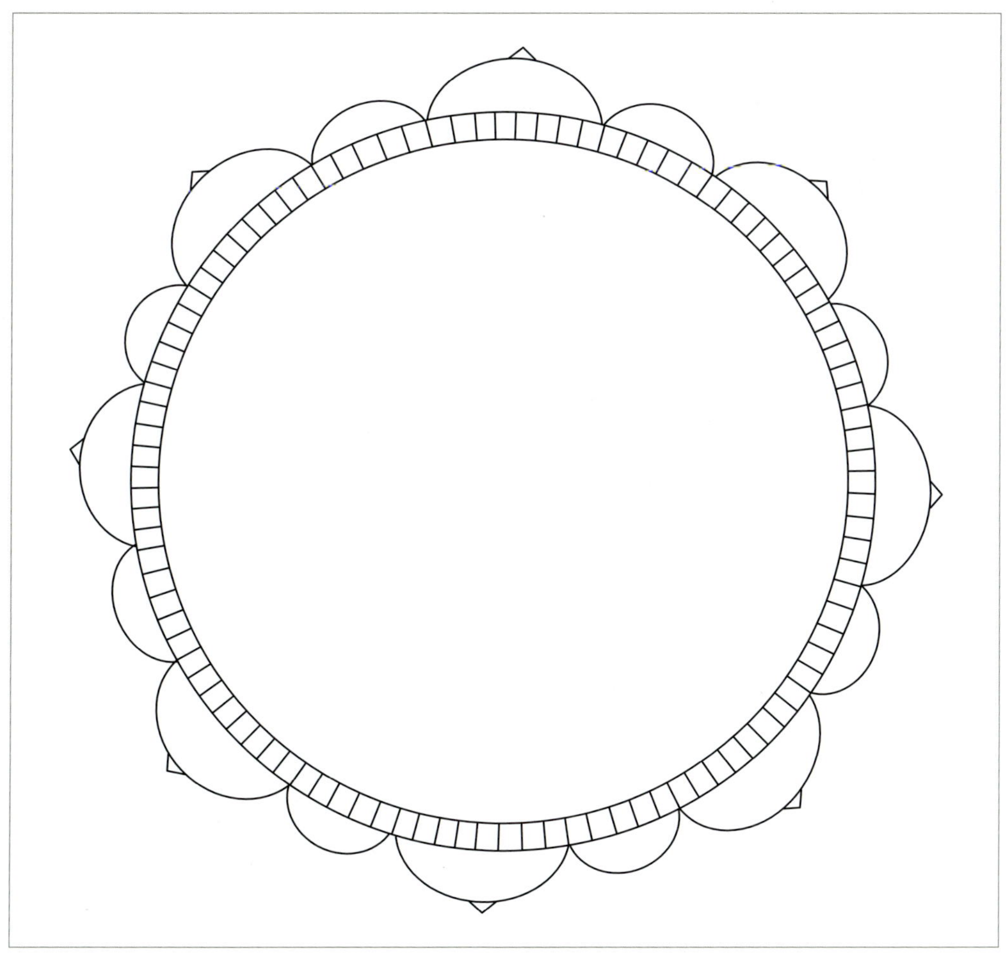

01. 원형 도일리에 5번사 실을 사용합니다. 도일리의 테두리를 버튼홀 스티치 113p 로 감싸주세요.

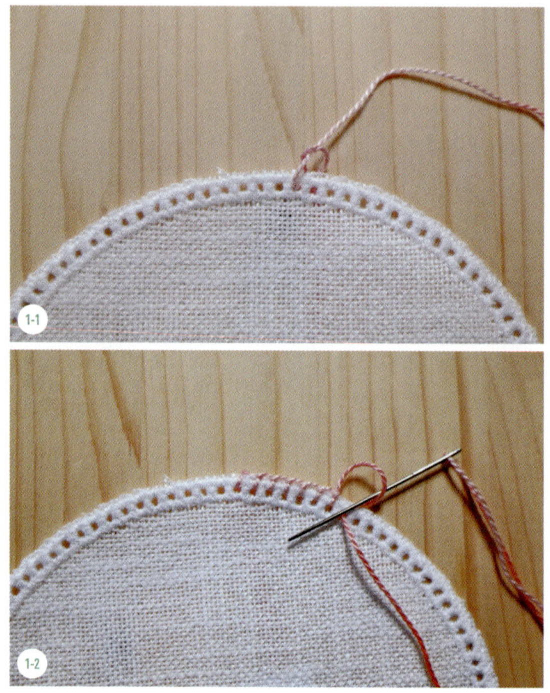

02. 버튼홀 스티치 113p 를 이어가다가 휘프트 스티치를 둘러서 마무리해주세요. 도일리 뒷면의 버튼홀 스티치에 실을 끼워 실을 정리합니다.

03. 8칸 스캘럽, 5칸 스캘럽 116p 을 번갈아 합니다. 8칸 스캘럽의 중간 부분에 백스티치로 뿔 모양을 만들어 포인트를 주세요.

3-1

3-2

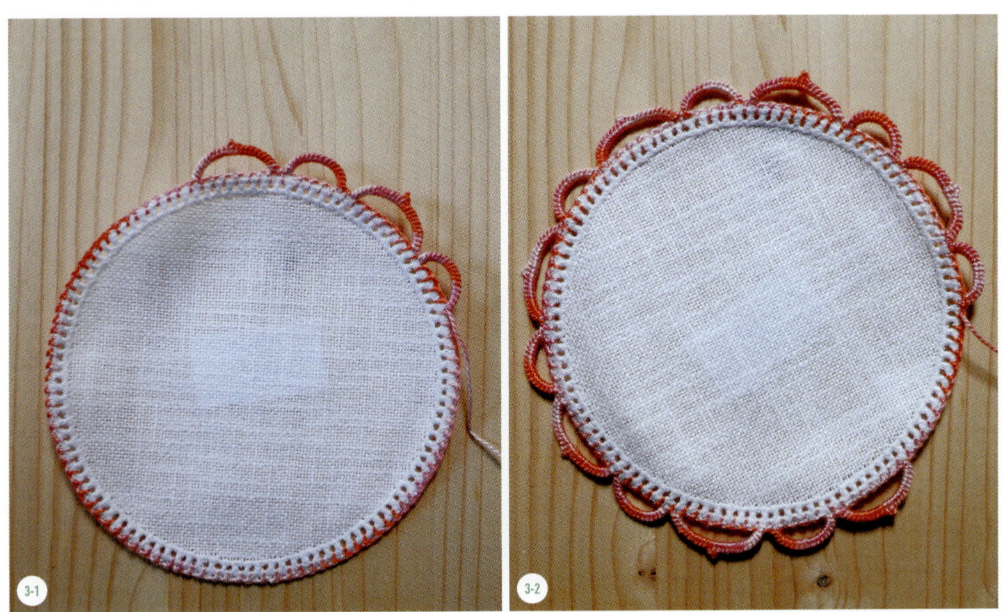

04. 완성한 도일리는 프랑스 자수로 포인트를 주어도 예쁘답니다. 다양한 색의 실로 테두리를 둘러보세요.

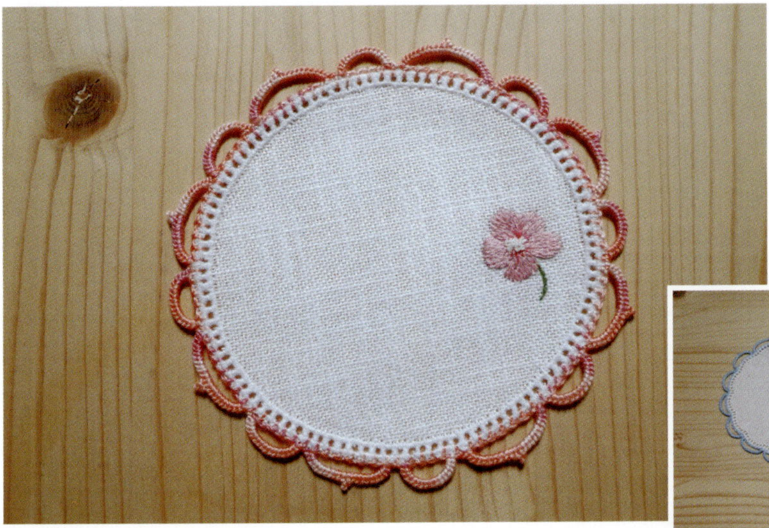

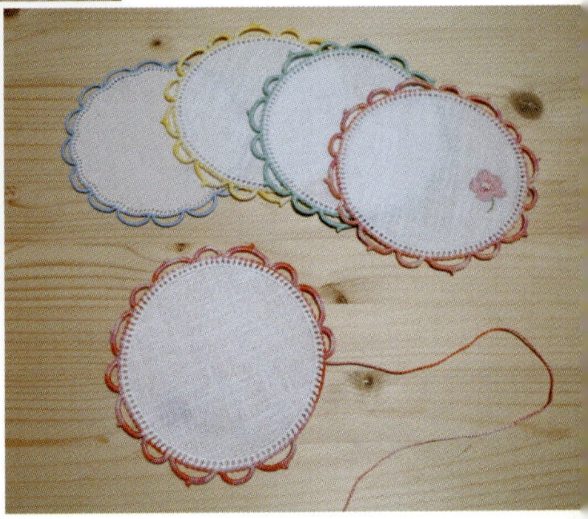

진주별 도일리

Pearl Star Doily

재료 및 도구

- 원단 별 도일리 (금색, 은색) 19.5cm
- 실 Anchor 금사, 화이트 펄
  (Metallic Col. 304, 300) or 동일 계
  열 실, 진주 비즈 50개 이상
- 바늘 24호 (진주를 통과시킬 가는 바늘)

사용된 스티치

- 버튼홀 + 휘프트 스티치-[#5] 113p
- 비즈 연결 방법-[#5] 128p

01. 별 도일리 전체 테두리를 버튼홀 스
티치 113p 와 휘프트 스티치로 감아주
세요. 끝이 둥근 바늘을 이용해 한 칸
건너 하나씩 진주를 넣고 버튼홀 스
티치로 감아 고정시켜주세요.

02. 금색과 은색 등 반짝이는 색실을 사용해 완성해주세요.

히데보 · 도일리 03

사각 링 도일리

Square Ring Doily

재료 및 도구

- 원단 사각 도일리 19.5X19cm
- 실 Anchor #5-1217번, 아브로더
  DMC #20-B5200
- 바늘 22호, 24호
- 도구 링 스틱

사용된 스티치

- 버튼홀 + 휘프트 스티치-(#5) 113p
- 링 + 사다리 휘감치기 125p
- 링 + 십자 휘감치기 + 스파이더 웹 스티치-(#5) 125p
- 링 연결 126p
- 아일렛-(#20) 127p

01.

사각 도일리 테두리 전체를 버튼홀 113p 과 휘프트로 둘러주세요. 링 스틱을 이용해 만든 링을 2~3가지 크기로 50개 정도 만들어둡니다. 링 몇 개는 십자 휘감치기와 스파이더 웹 스티치 125p 를, 다른 링에는 사다리 휘감치기 125p 를 해주세요.

02.

원하는 모양대로 링을 12~14개 정도 연결하여 사각 도일리의 한 면 길이에 맞춰주세요. 연결한 링은 사각 도일리에 휘프트로 감아 고정시켜줍니다. 나머지 3면도 동일하게 작업해주세요.

03.

모서리 한 부분에 크기가 다양한 아일렛을 넣어 포인트를 주어도 귀엽답니다.

히데보 · 도일리 04

사각 도일리

Blue Square Doily

재료 및 도구

- 원단 32ct BELFAST - BLUE
   SPRUCE 100% Linen
- 실   DMC #8-930번
- 바늘 24호 (뾰족한 바늘, 둥근바늘)

치수

- 완성 20×20cm
   ※시접 2~3cm

사용된 스티치

- 버튼홀 + 휘프트 스티치-(#8) 113p
- 3단 리크랙-(#8) 120p
- 사다리 휘감치기-(#8) 122p
- 스파이더 웹 스티치-(#8) 125p

01. 이번엔 사각형 모양의 도일리를 만들
어볼게요. 시접을 1cm 남기고 원단
을 재단해주세요. 시접은 안쪽으로
접어주고 버튼홀 스티치 113p 와 휘프
트 스티치로 테두리를 둘러줍니다. 3
단 리크랙 2개를 4~5칸 띄워가며 만
들어주세요.

02. 하단에 사선으로 두 개의 빗금을 그
은 뒤, 사선 안쪽에 원을 여섯 개 그
려주세요. 각 원마다 테두리에 러닝
스티치를 한 후 내부를 컷팅하고 컷
팅한 원단을 뒤로 넘겨 버튼홀과 휘
프트 스티치를 해주세요.

03. 한 칸씩 띄워 가며 원 내부에 사다리
휘감치기로 무늬를 만들어주세요.

CHAPTER 4

히데보
소품들

Hedebo
Goods

CHAPTER 4

히데보 · 소품들 01 - 1

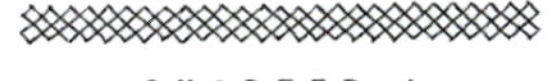

블루 사각 파우치

Blue Square Pouch

재료 및 도구

- 원단 32ct BELFAST - BLUE SPRUCE 100% Linen
- 실 DMC #8-932번, DMC 아브로더 #25-3752번
- 바늘 22호, 24호 (끝이 뾰족한 바늘, 둥근 바늘)

치수

- 완성 18×11.5×7.5cm (가로×세로×덮개)
  ※시접 2~3cm

사용된 스티치

- 버튼홀 + 휘프트 스티치-(#8) 113p
- 스캘럽, 2단 스캘럽-(#8) 116p
- 아일렛-(#25) 127p
- 새틴 스티치-(#25) 053p
- 아웃트라인 스티치-(#25)

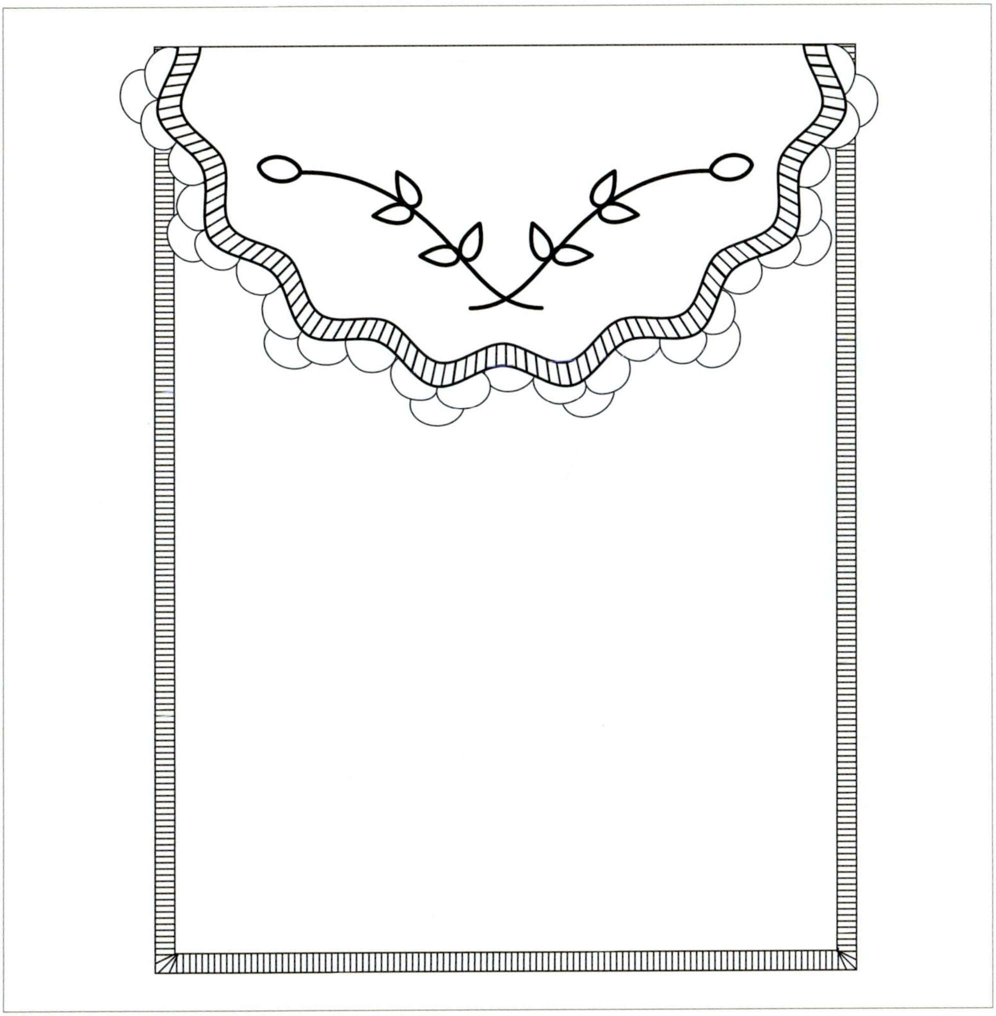

01. 시접을 1cm 정도 남겨 35×20cm 사이즈로 원단을 재단합니다. 전체 파우치 테두리를 버튼홀 113p 과 휘프트 스티치를 이용해 감아주세요. 파우치의 덮개 부분은 스캘럽과 2단 스캘럽 116p 으로 덮어주세요.

TIP

파우치 덮개가 될 라운드와 모서리 부분에 가위집을 넣어주어야 원단이 울지 않아요.

02. 덮개를 꾸며보겠습니다. 아일렛 스티치 127p 로 구멍을 뚫어준 후, 줄기는 아웃트라인 스티치. 잎은 새틴 스티치로 수놓아주세요. 수를 전부 놓았다면 덮개를 제외한 부분을 반으로 접어 맞댄 후 휘프트 스티치로 감아줍니다.

핑크 사각 파우치

Pink Square Pouch

재료 및 도구

- 원단 32ct BELFAST - MARBLED
       (VINTAGEPINK) 100% Linen
- 실   Anchor #8-1202번, #12-9번
- 바늘 22호, 24호 (끝이 뾰족한 바늘, 둥근 바늘)

치수

- 완성 17×12X×9cm (가로×세로×덮개)

  ※시접 2~3cm

사용된 스티치

- 버튼홀 + 휘프트 스티치-(#8) 113p
- 가운데 물방울–사다리 휘감치기 + 리크랙 123p + 스캘럽-(#12) 116p
- 양쪽 물방울–사다리 휘감치기-(#12) 122p
- 3단 리크랙-(#8) 120p
- 3단 리크랙 + 스캘럽-(#8) 121p

01. 같은 방법으로 파우치를 하나
더 만들어보겠습니다. 이번에
는 36×15cm로 재단했어요. 블
루 사각 파우치와 같은 방법으
로 테두리를 둘러줍니다. 덮개가
될 부분은 3단 리크랙과 스캘럽
121p 을 활용해 둘러주세요.

02. 덮개에 물방울무늬로 구멍을 뚫어 테두리를 둘러줍니다. 양쪽의 물방울무늬는 사다리 휘감치기 122p 로, 가운데
는 스캘럽 116p 을 먼저 한 후 리크랙 120p 하여 휘프트로 둘을 연결시켜주어 무늬를 완성합니다.

2-1

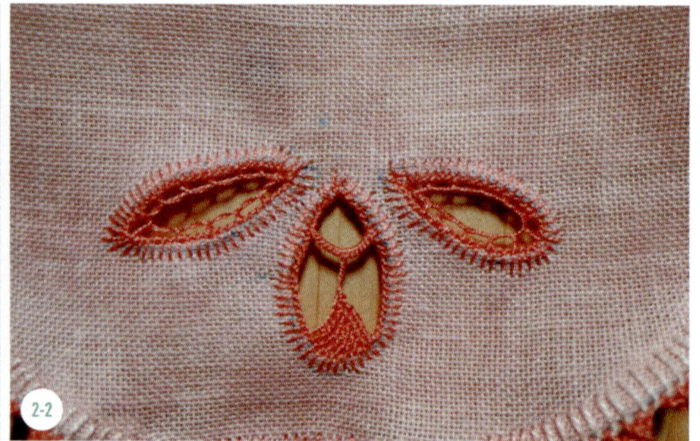

2-2

03. 옆면을 휘프트 스티치로 감아 완성해주세요.

본 작품에서는 이대로 마무리했지
만, 개인 취향에 따라 덮개에 똑딱
단추를 고정시켜 주거나 끈 등을 달
아주어도 좋아요.

린넨 손수건

Linen White Handkerchief

재료 및 도구

- 원단 40ct NEWCASTLE - WHITE
  100% Linen
- 실 DMC #8-B5200번, DMC 아브로
  더 #20-B5200번, #30-B5200번
- 바늘 22호, 24호
  (끝이 뾰족한 바늘, 둥근 태피스트리 바늘)

치수

- 완성 25×25cm

사용된 스티치

- 버튼홀 + 휘프트 스티치-(#8) 113p
- 3단 리크랙-(#8) 120p
- 스캘럽, 3단 스캘럽-(#8) 116p
- 시다리 휘감치기-(#20) 122p
- 아일렛-(#30) 127p
- 줄기-아웃트라인 스티치-(#20)
- 잎-새틴스티치-(#20) 053p

01. 시접을 남기고 25×25cm로 원단을 재단해주세요. 테두리에 버튼홀과 휘프트를 한 뒤 스캘럽 2개와 리크랙 3개를 반복해 둘러줍니다. 한쪽 면에 중심선을 표시한 뒤, 중심선 가운데에 3단 스캘럽으로 포인트를 넣어주세요.

02. 3단 스캘럽을 기준으로, 좌측 하단 모서리 부분에 송곳으로 구멍을 뚫은 후 작은 아일렛 127p 을 5개 수놓아주세요.

03. 아일렛을 놓은 모서리의 대각선 반대편 모서리에 수성 펜으로 꽃을 그려줍니다. 꽃 테두리는 버튼홀 스티치 113p , 안쪽은 사다리 휘감치기 122p 로 무늬를 만들어주세요. 줄기는 아웃트라인 스티치, 잎은 새틴 스티치로 수놓았습니다.

CHAPTER 4

히데보 · 소품들 03

재료 및 도구

- 원단 36ct EDINBURGH - NATURAL 100% Linen
- 실 DMC #8-Ecru, Valdani #12-JP4, DMC 아브로더 #20-Ecru
- 바늘 22호, 24호

치수

- 원단 38×22cm
- 완성 19.5×13X2cm

사용된 스티치

- 버튼홀 + 휘프트 스티치-[#8] 113p
- 3단 리크랙-[#20] 120p
- 2단 스캘럽-[#20] 118p
- 사다리 휘감치기-[#20] 122p
- 더블십자 휘감치기 + 스파이더 웹 스티치-[#12] 125p

TIP

여기서 소개한 가로×세로× 폭 사이즈는 책마다 다를 수 있습니다. 원하는 책의 사이 즈를 직접 재어 여유분을 두고 천을 재단하도록 합니다.

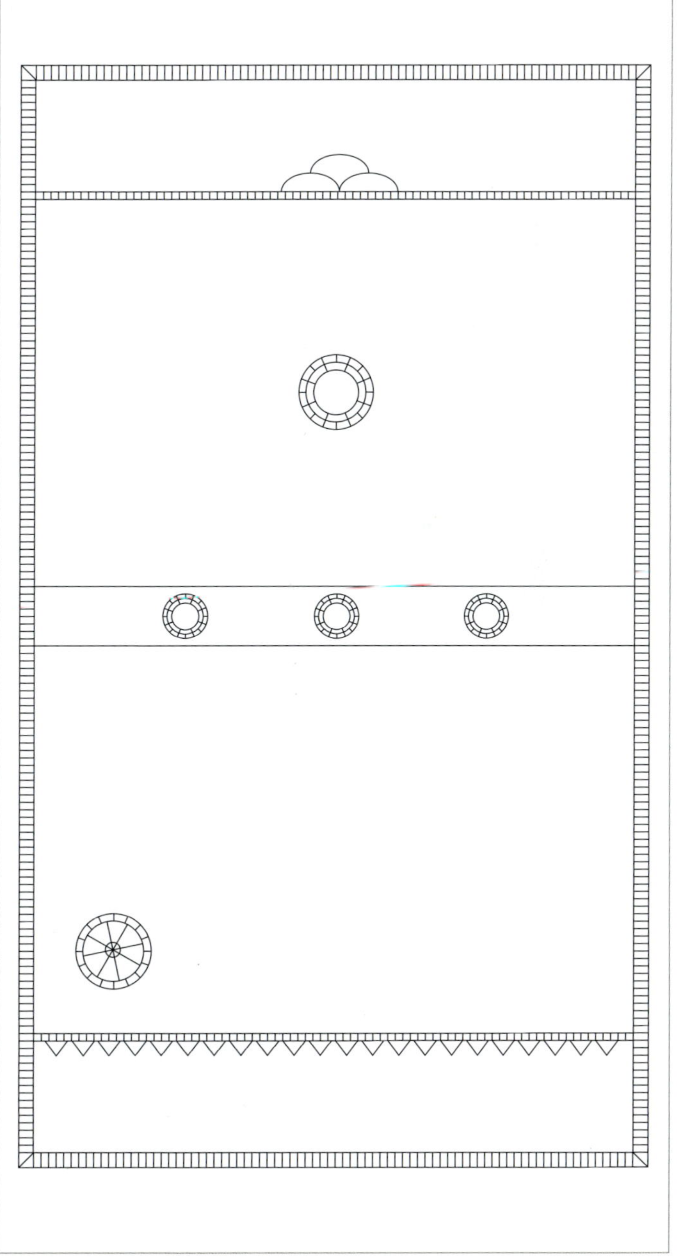

01.

시접 0.7~1cm 정도를 남기고 원단을 재단합니다. 시접은 뒤로 접어준 뒤 버튼홀 `113p` 과 휘프트로 테두리를 둘러주세요. 책 표지를 집어넣을 부분과 안쪽 면이 될 부분도 버튼홀과 휘프트로 테두리를 둘러줍니다.

02.

❶에서 표시해둔 중심에 3단 스캘럽 `118p` 을 만들어 포인트를 넣어주세요. 남은 반쪽 면도 스캘럽 2개와 리크랙 3개 `120p` 를 반복해 둘러주고, 나머지 3면의 테두리에도 스캘럽을 둘러줍니다.

03. 앞면 하단에는 원을 그려 러닝 스티치 `129p` 하고 테두리를 둘러준 후, 더블 십자 휘감치기와 스파이더 웹 스티치 `125p` 로 모양을 만들어줍니다

04. 뒷면 중앙과 가운데 중앙에 뚫은 원도 테두리를 두르고 사다리 휘감치기 `122p` 로 모양을 내주세요.

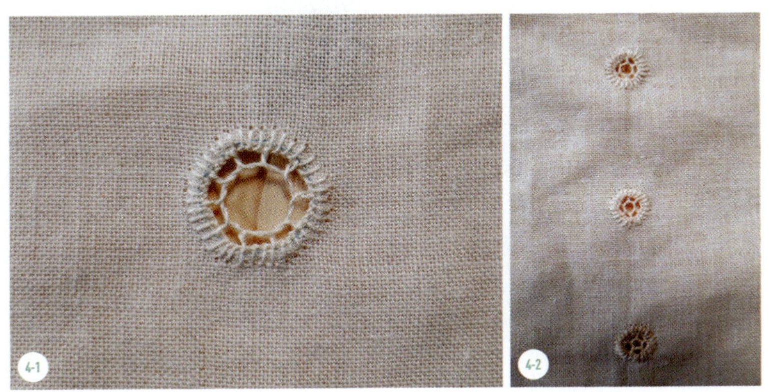

05. 책 표지를 끼울 양쪽 끝을 접어서 윗면과 아랫면을 휘프트로 묶어줍니다. 앞면, 뒷면 모두 동일하게 묶어서 완성.

린넨 테이블 매트

재료 및 도구

- 원단 36ct EDINBURGH - NATURAL
  100% Linen
- 실   아브로더 DMC #16-Ecru 2묶음.
- 바늘 24호

치수

- 완성 30×25cm

사용된 스티치

- 버튼홀 + 휘프트 스티치-(#16) 113p
- 3단 리크랙, 5단 리크랙-(#16) 120p
- 스캘럽, 2단 스캘럽-(#16) 116p

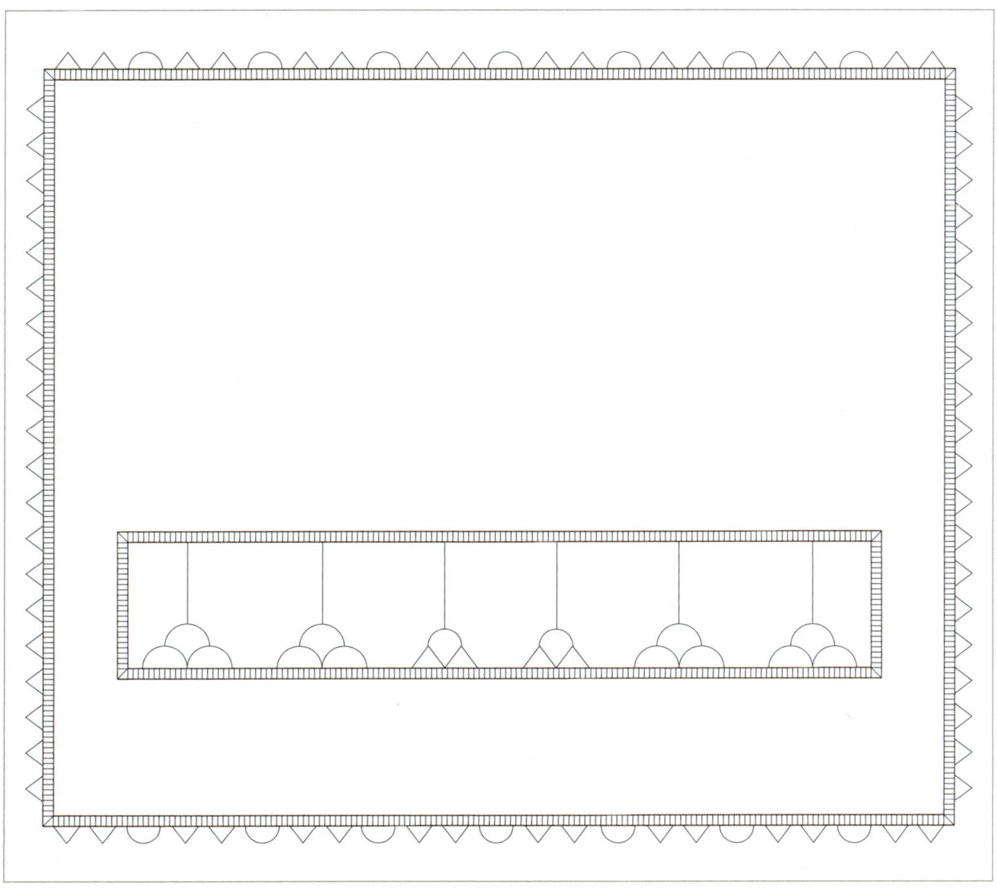

01. 31×26cm 사이즈로 만들어보았습
니다. 0.7~1cm 정도 시접을 남겨두
고 원단을 자른 뒤, 접어서 버튼홀 스
티치 113p 와 휘프트를 해주세요. 양
쪽 가로 면에 3단 리크랙 120p 2개와
스캘럽 116p 1개를 번갈아가며 둘러
줍니다. 양쪽 세로 면은 3단 리크랙
을 3칸씩 띄워 가며 둘러주었어요.

02. 중하단에 직사각형을 그려 러닝 스티
치한 뒤 컷팅해줍니다. 컷팅한 원단
은 뒤로 접어두고 버튼홀과 휘프트
로 테두리를 둘러준 다음 남은 원단
을 잘라줍니다.

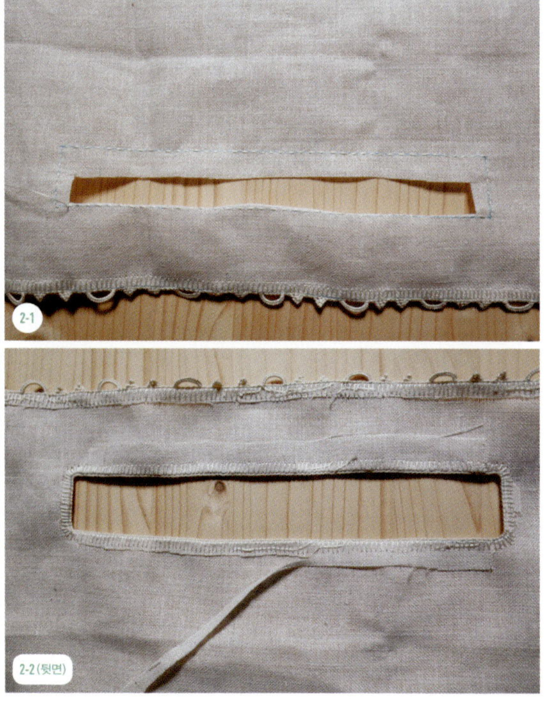

03.

직사각형 안에 2단 스캘럽 118p 을 합니다. 1/2 지점에서 위쪽에 실을 걸어주고 휘프트로 2~3회 감아준 뒤 남은 스캘럽을 마무리해주세요. 2단 스캘럽을 2개 완성한 후에는 5단 리크랙 120p , 스캘럽을 하나 만들어준 뒤 같은 방법으로 윗면과 연결해줍니다. 리크랙의 옆면을 타고 휘프트로 감아주며 내려와 완성합니다. 2단 스캘럽 2개, 5단 리크랙과 스캘럽 2개, 다시 2단 스캘럽 2개로 면을 채워주세요.

3-1

3-2

3-3

3-4

CHAPTER 4

히데보 · 소품들 05 - 1

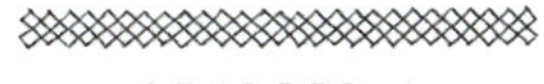

페이크 칼라 I

Fake Collar I

재료 및 도구

- 원단 40ct NEWCASTLE - WHITE 100% Linen
- 실 DMC #8-B5200번, 아브로더 DMC #30-B5200번
- 바늘 22호, 24호

치수

- 원단 37×30cm
- 완성 34×27cm

사용된 스티치

- 버튼홀 + 휘프트 스티치-(#8) 113p
- 전체 테두리 – 사다리 휘감치기 + 3단 리크랙-(#8) 123p
- 아랫부분 – 3단 리크랙 + 스캘럽-(#8) 121p
- 아일렛-(#30) 127p
- 줄기 – 아웃트라인 스티치-(#30)
  잎 – 레이지데이지 스티치-(#30)

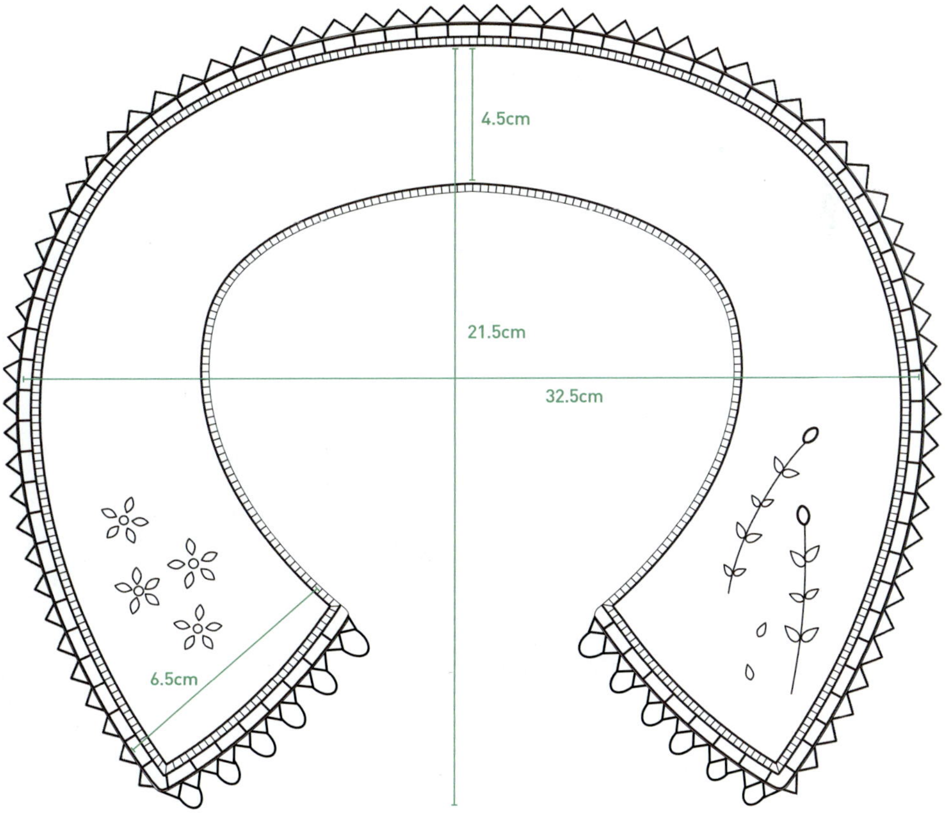
4.5cm
21.5cm
32.5cm
6.5cm

01. 원단에 수성 펜으로 페이크 칼라 도안을 그린 후 시접을 1cm 잘라줍니다. 가위집을 내어 시접을 접어준 뒤 테두리에 버튼홀 `113p` 과 휘프트 스티치를 해주세요.

02. 페이크 칼라의 윗부분에 사다리 휘감치기 `122p` 를 한 후에 3단 리크랙을 `120p` 해주세요. 칼라의 왼쪽 면은 아일렛 `127p` 으로 꽃 모양을, 오른쪽 면은 줄기는 아웃트라인 스티치, 잎은 레이지데이지 스티치를 활용해 잎 모양을 만들어보았습니다.

03. 칼라의 아랫부분은 3단 리크랙과 스캘럽 `121p` 으로 무늬를 만들어줍니다.

페이크 칼라 II

재료 및 도구

- 원단 40ct NEWCASTLE - WHITE
      100% Linen
- 실   아브로더 DMC #16-B5200번
      (2묶음), #20-B5200번
- 바늘 22호, 24호

사용된 스티치

- 버튼홀 + 휘프트 스티치-(#16) 113p
- 전체 테두리 – 시작단과 연결된 스캘럽-(#16) 119p
- 아랫부분 – 2단 스캘럽-(#16) 118p
- 왼쪽 꽃 – 십자 휘감치기-(#20) 125p
- 오른쪽 꽃 원형 테두리 바깥 – 오픈 버튼홀 스티치 114p + 스캘럽-(#20) 116p
- 오른쪽 꽃 원형 안쪽 – 더블십자 휘감치기 + 스파이더 웹 스티치-(#20) 125p
- 줄기 – 더블넛 스티치-(#20)
- 오른쪽 잎 – 사다리 휘감치기 + 리크랙 123p + 2단스캘럽-(#20) 118p
- 왼쪽 잎 – 3~5단 리크랙 120p

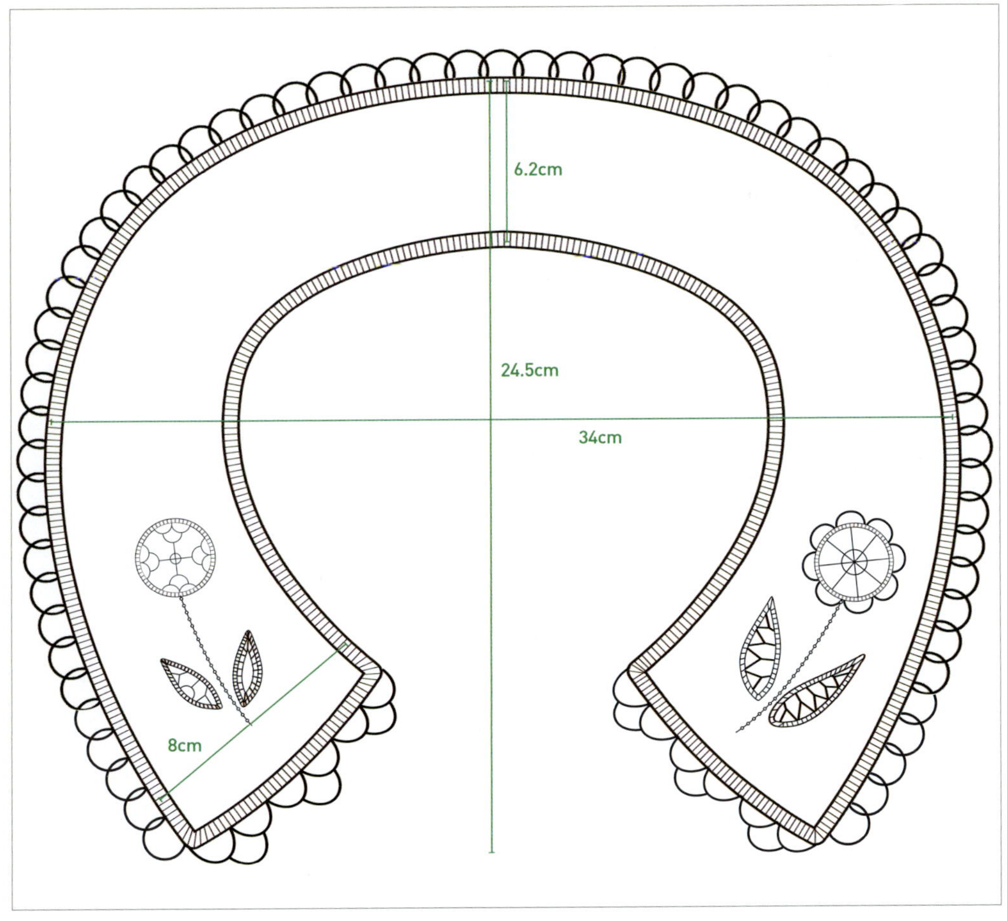

01.

버튼홀과 휘프트로 테두리를 만들어
준 후 칼라의 아랫부분에는 2단 스캘
럽 118p 3개, 테두리 전체에는 시작
단과 연결된 스캘럽 119p 으로 테두리
전체를 둘러주세요.

02.

칼라 왼쪽에 꽃을 만들어줄 거예요.
원형으로 러닝 스티치하고 컷팅한 뒤
오픈 버튼홀 스티치 113p 와 휘프트
스티치로 테두리를 감싸준 후 2단 스
캘럽 4개를 만들어줍니다. 4번째 2
단 스캘럽은 1/2만 감아주고, 3개의
2단 스캘럽 중앙에 십자 휘감치기와
스파이더 웹 스티치 125p 를 해준 뒤
남은 스티치를 감아주세요.

03. 줄기는 더블넛 스티치로 감아주었습니다. 같은 방식으로 사다리 휘감치기 122p 로 잎을 완성하고, 다른 한 개의 잎은 5단 리크랙과 스캘럽 121p 을 섞어서 채워주었어요.

04. 오른쪽은 ❸번 과정과 같은 방식이되, 더블십자 휘감치기 125p 와 스파이더 웹 스티치를 활용하였습니다. 원 바깥쪽에는 스캘럽을 8개 만들어 꽃을 완성해주세요. 잎은 72p 잎모양 꾸미기를 참고해 완성하면 됩니다.

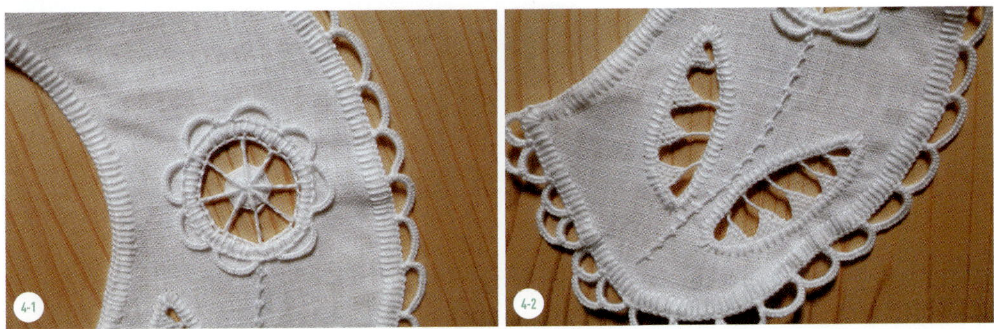

05. 다른 느낌의 페이크 칼라가 완성되었습니다.

히데보 쿠션

재료 및 도구

- 원단 100% Linen WHITE
- 실   DMC #5-B5200번 (2묶음)
- 짜투리 실   Anchor #5-1349, 1210, DMC
         #5-932, 4230, 683, #8-932,
         128, 930
- 바늘 20호, 22호
- 쿠션용 지퍼 50cm 1개

치수

- 쿠션 사이즈 40×40cm
- 링 만드는 실 길이 70cm 이상

사용된 스티치

- 버튼홀 + 휘프트 스티치-(#5) 113p
- 3단 리크랙 + 스캘럽-(#5) 121p
- 3단 스캘럽-(#5) 118p
- 러닝 스티치 + 휘프트-(#5) 129p
- 링-(#5) 124p
- 사다리 휘감치기-(#8) 122p
- 십자 휘감치기 + 스파이더 웹 스티치-(#8)
  125p
- 스캘럽-(#8) 116p
- 백스티치-(#8)
- 4단 리크랙-(#8) 120p
- 트위스트 체인 스티치-(#8)
- 새틴 스티치-(#8)

앞면

뒷면

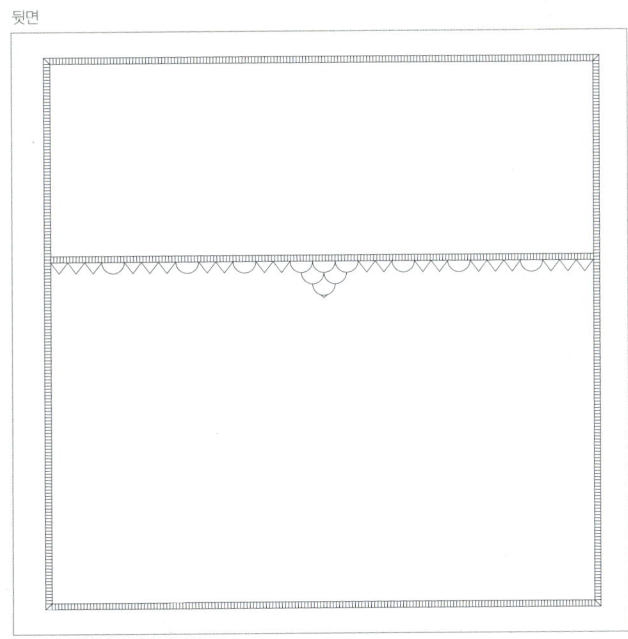

01. 40×40cm 원단을 2장 준비해주세요. 쿠션의 앞면이 될 원단 전체 테두리를 버튼홀 스티치 `113p` 와 휘프트 스티치로 둘러줍니다. 뒷면 테두리는 박음질로 마감한 뒤 지퍼를 달아주세요.

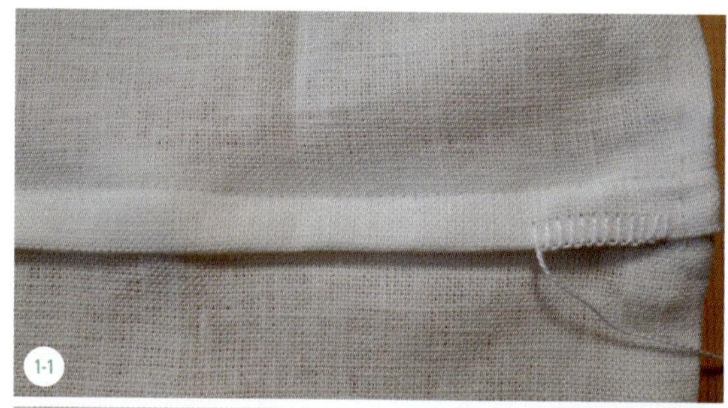

02. 지퍼를 덮는 부분을 넉넉하게 만들어, 버튼홀과 휘프트로 테두리를 둘러줍니다. 3단 리크랙 `120p` 과 스캘럽 `116p` , 중간 부분은 3단 스캘럽과 백 스티치, 다시 3단 리크랙과 스캘럽으로 디테일을 만들어줍니다.

03. 앞면에 수성 펜으로 선을 그은 뒤 러닝 스티치를 해주세요. 선은 자유롭게, 길이와 폭에 변화를 주어 가며 그어주세요. 작업 후 남아있는 자투리 실을 이용해 여러 색깔의 링 `124p` 을 만들어주되, 실을 길게 남겨가며 작업해주세요. 샘플에는 15~16개의 링을 만들어 모양을 냈지만 원하는 만큼 만드시면 됩니다.

04.

러닝 스티치한 아랫부분에 링을 고정시켜준 뒤, 남은 실로 러닝 스티치 부분에 휘프트 스티치를 해주세요. 러닝 스티치해준 실과 대비되는 색실로 휘프트 스티치하면 포인트가 되어요.

4-1

4-2

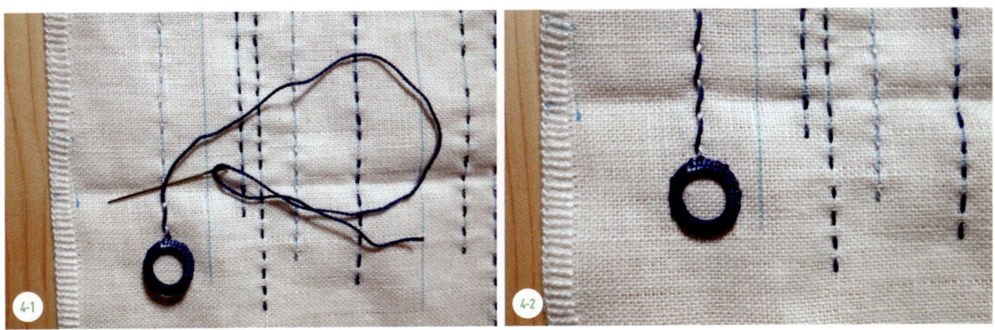

05.

8번사 실을 이용해 3단 또는 4단 리크랙, 스캘럽, 백스티치로 꽃 모양을 만들어줍니다. 꽃의 줄기는 체인 스티치, 잎은 새틴 스티치를 활용했어요. 컷팅한 원 안도 사다리 휘감치기나 십자 사다리 휘감치기, 스파이더 웹 스티치 125p 를 이용해 모양을 냅니다.

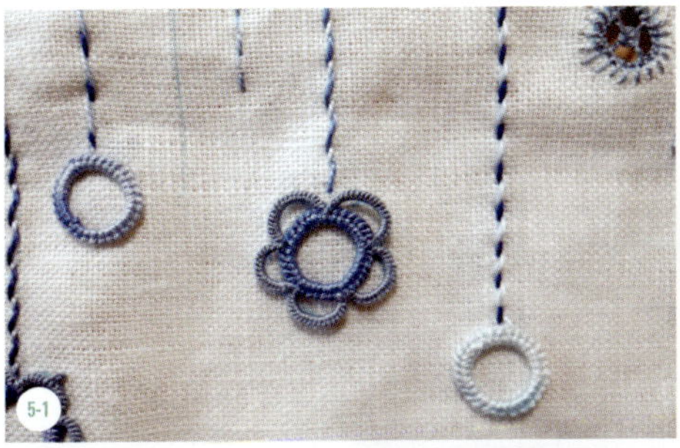
5-1

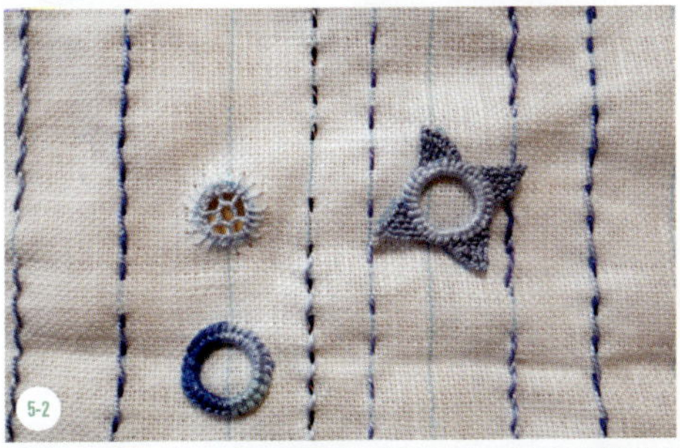
5-2

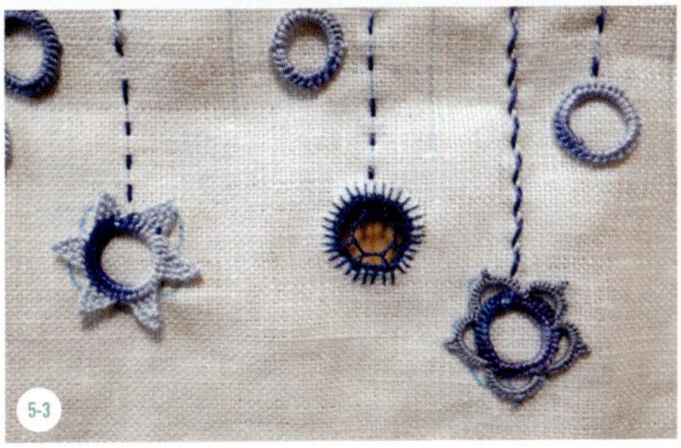
5-3

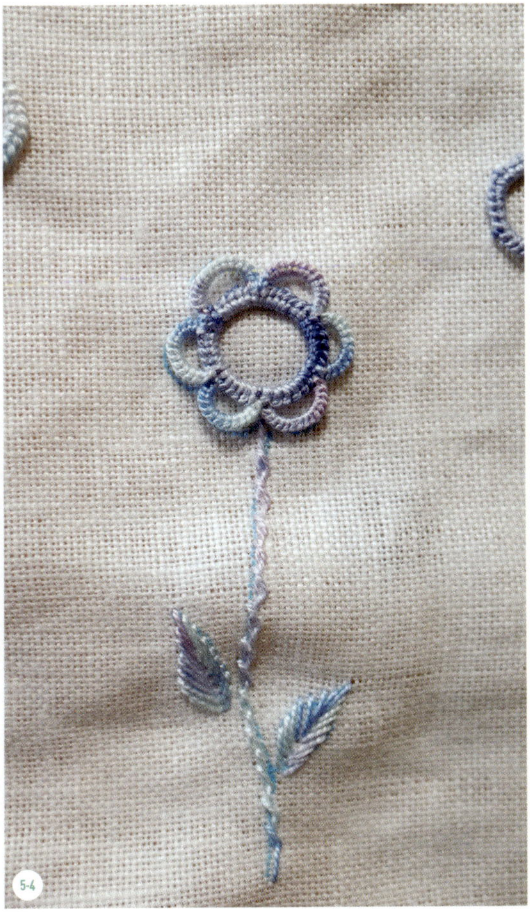
5-4

06. 완성된 쿠션의 앞면과 뒷면을 맞대어 러닝 스티치로 박아준 뒤, 휘프트 스티치를 둘러주세요.

07. 쿠션에 솜을 넣어 완성해줍니다.

본 책에 수록된 작품들의 크기는 어디까지나 샘플일 뿐, 작품의 크기나
스티치의 개수는 개인의 선택에 따라 얼마든지 다르게 연출할 수 있습
니다. 도안의 크기에 딱 맞추어 스티치하지 않아도 되니 자유롭게 스티
치해주세요.

예를 들어, 저는 히데보 쿠션의 뒷면 지퍼 부분을 스캘럽 1개와 리크랙
2개로 채웠지만 이 책을 보신 분들은 취향에 따라 전부 리크랙으로만,
혹은 전부 스캘럽으로만 장식할 수도 있는 것이지요.

굳이 책을 똑같이 따라하지 않아도 된다는 점, 내가 원하는 대로 자유롭
게 창작하고 변형할 수 있는, 무궁무진한 가능성이 바로 히데보 스티치
의 매력이자 장점입니다.

이 책을 통해 스티치 방법을 터득하되, 책에 구애받지 않고 각자 본인만의
작품을 만들어보셨으면 좋겠습니다.

하덴거 · 도일리 01 P.063

하덴거 · 도일리 04 P.072

하덴거 · 소품들 01 - 1 P.077

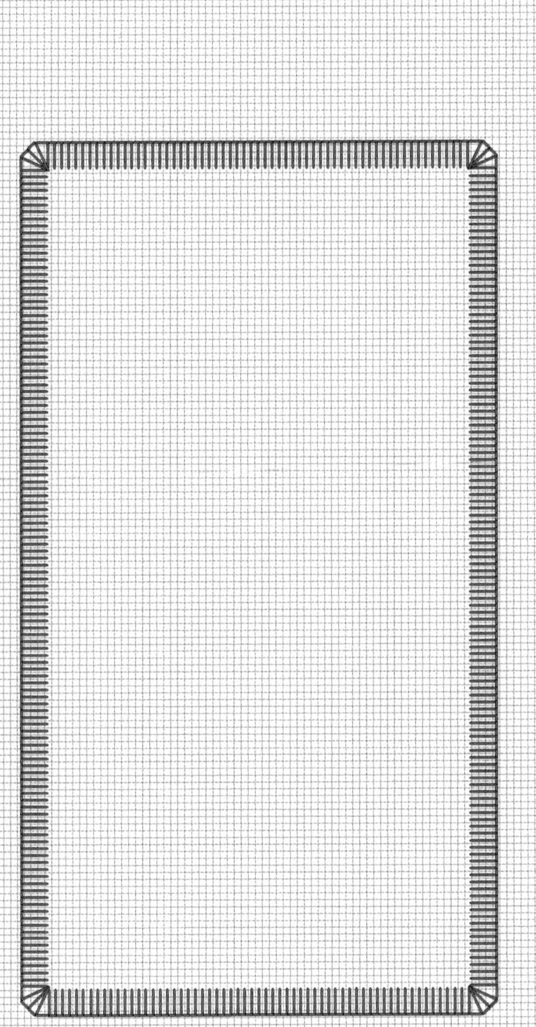

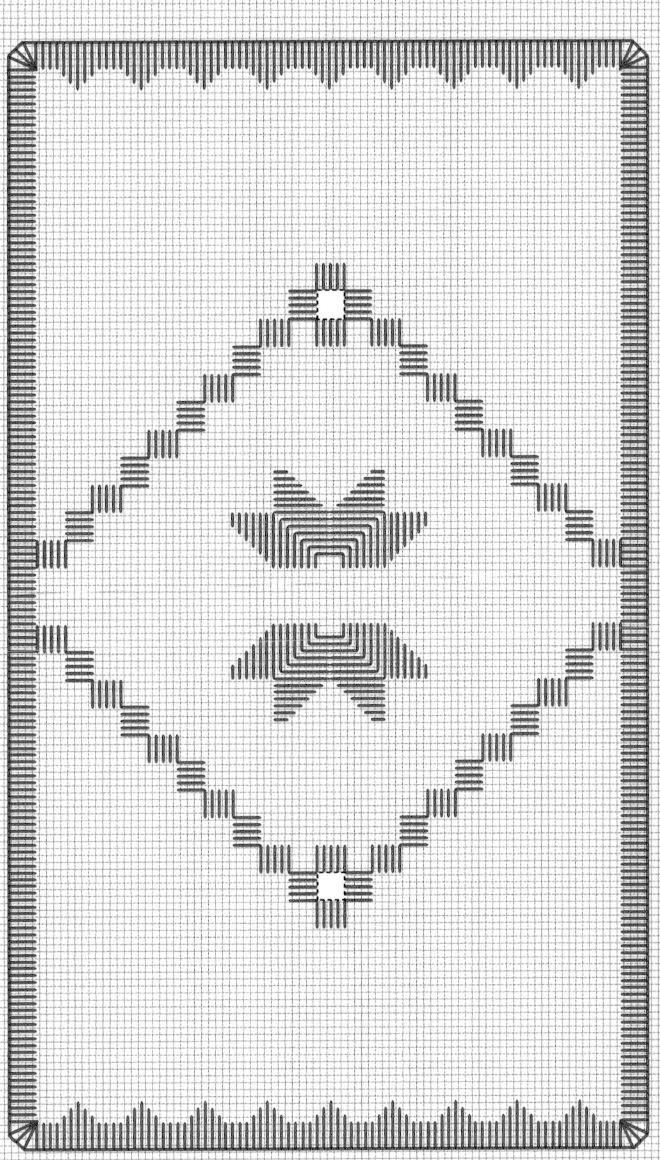

하뎬거 · 소품들 02 - 1 P.082

하덴거 · 소품들 03 P.087

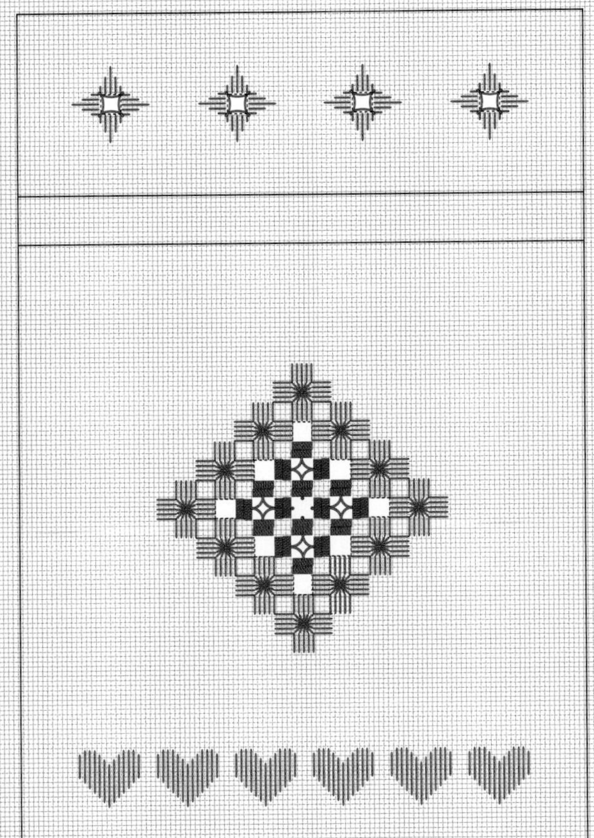

하덴거 · 소품들 05 P.095

하덴거 · 소품들 06 - 1 P.098

히데보 · 도일리 01 P.135

히데보 · 도일리 02 P.140

북유럽 자수

히데보 · 도일리 04 P.146

히데보 · 도일리 04 P.146

히데보 · 소품들 01 - 1 P.151

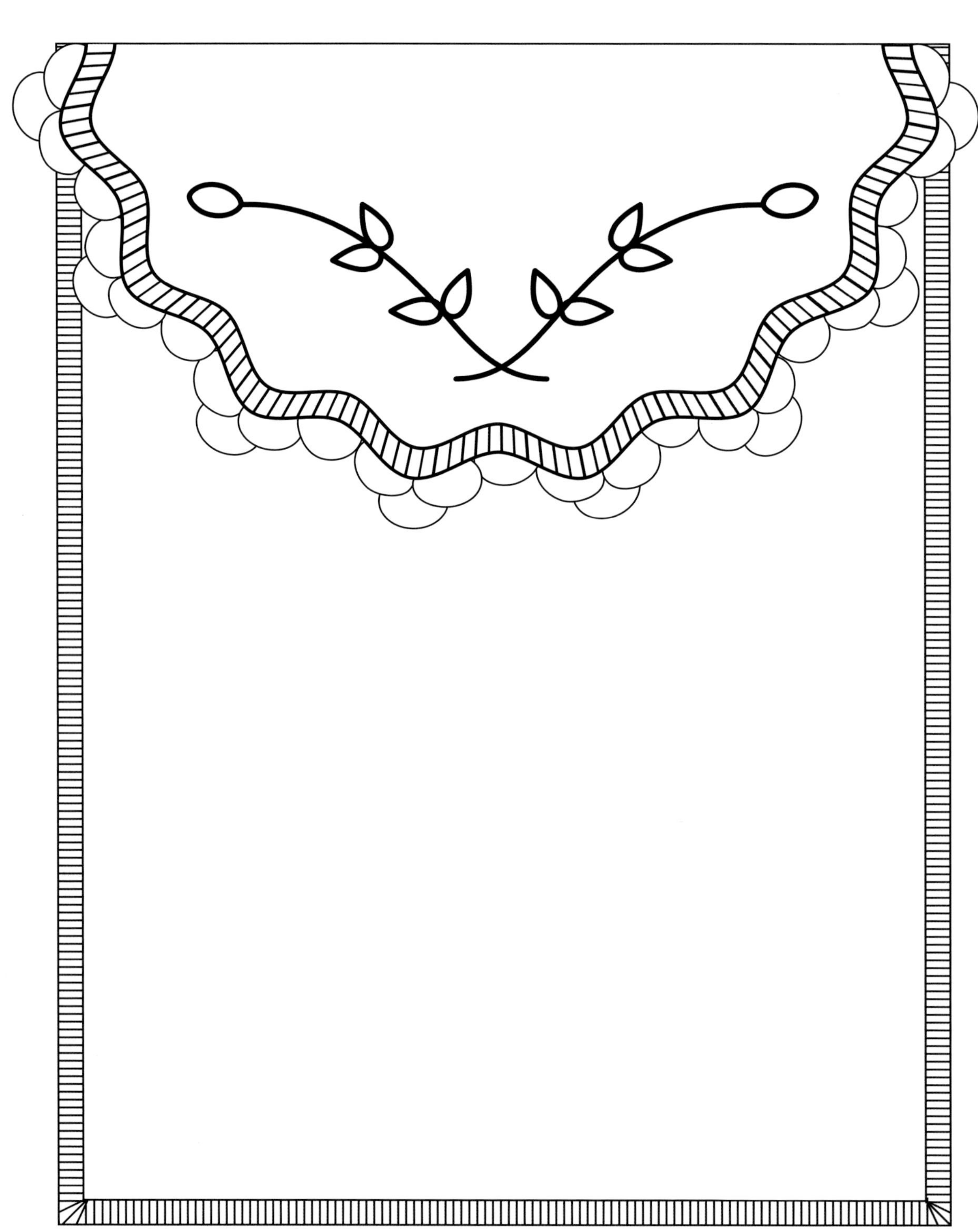

부록

히데보 · 소품들 02 P.156

히데보 · 소품들 03 P.159

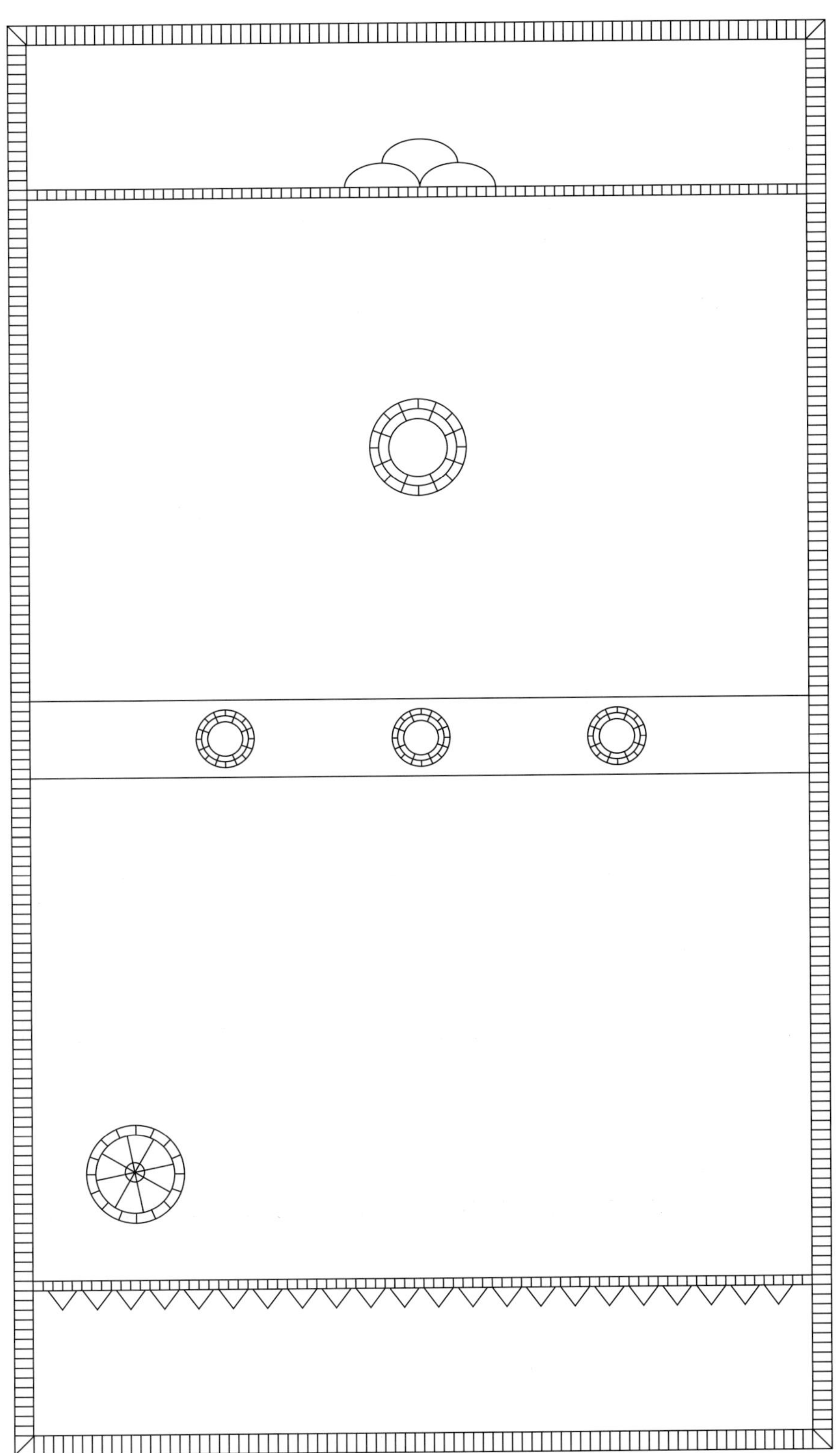

히데보 · 소품들 04 P.163

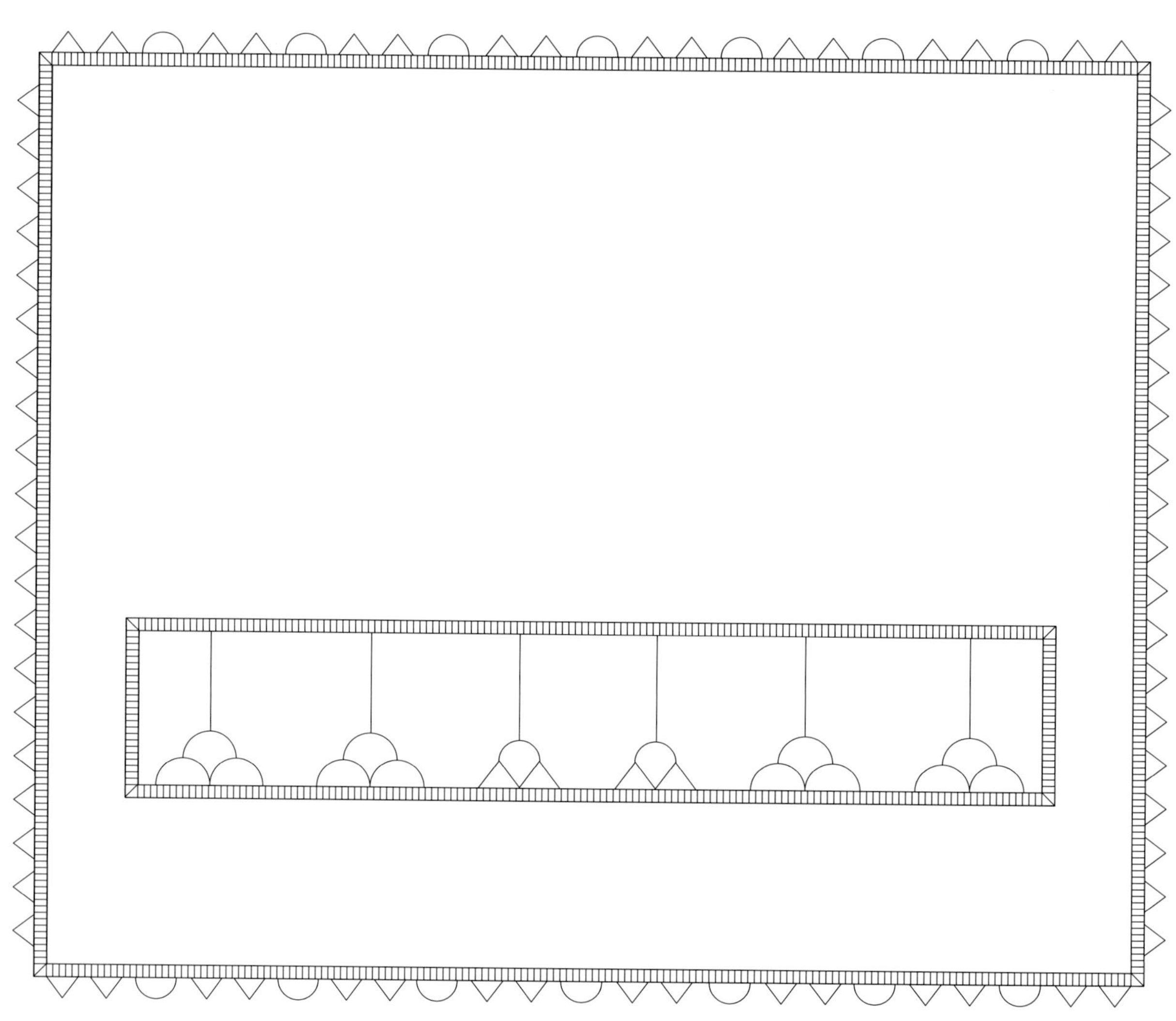

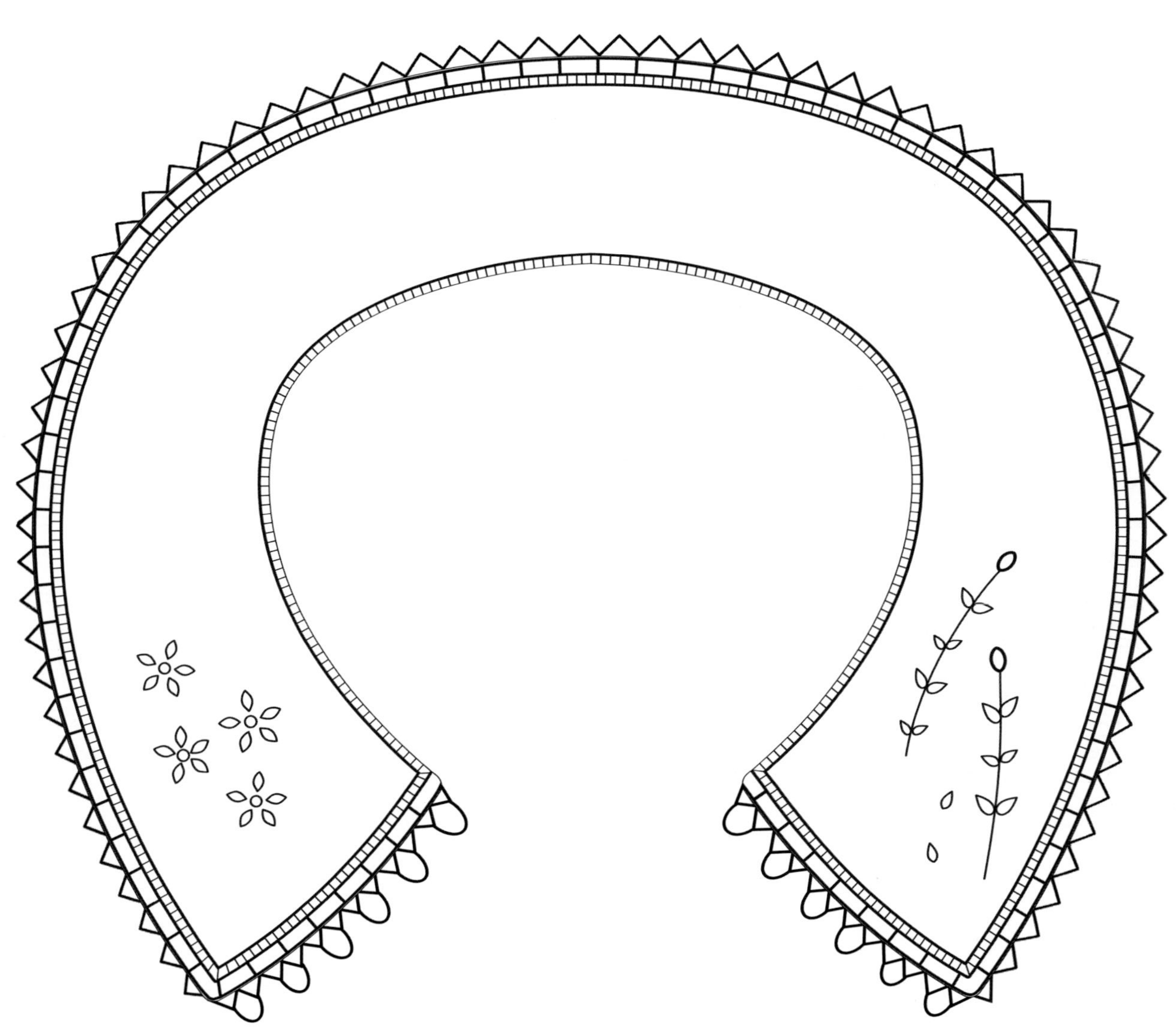

히데보 · 소품들 06 P.173

앞면

뒷면

북유럽 도일리와 소품

북유럽 자수 하덴거 * 히데보

1판 1쇄 인쇄 2018년 1월 20일
1판 1쇄 발행 2018년 1월 25일

지 은 이 김은영
발 행 인 이미옥
발 행 처 아이생각
정　　가 18,000원
등 록 일 2003년 3월 10일
등록번호 220-90-18139
주　　소 (04987) 서울 광진구 능동로 32길 159
전화번호 (02) 447-3157~8
팩스번호 (02) 447-3159

ISBN　978-89-97466-44-3 (13630)
I-18-01